"三区联动"创新创业
带动就业的效应研究

李红艳　等著

上海财经大学出版社

图书在版编目(CIP)数据

"三区联动"创新创业带动就业的效应研究/李红艳著. —上海:上海财经大学出版社,2021.7

ISBN 978-7-5642-3781-3/F·3781

Ⅰ.①三… Ⅱ.①李… Ⅲ.①大学生-创业-研究-中国 ②大学生-就业-研究-中国 Ⅳ.①G647.38

中国版本图书馆 CIP 数据核字(2021)第 088106 号

□ 策划编辑　杨　闯
□ 责任编辑　杨　闯
□ 封面设计　张克瑶

"三区联动"创新创业带动就业的效应研究
李红艳　等著

上海财经大学出版社出版发行
(上海市中山北一路369号　邮编200083)
网　　址:http://www.sufep.com
电子邮箱:webmaster @ sufep.com
全国新华书店经销
江苏凤凰数码印务有限公司印刷装订
2021年7月第1版　2021年7月第1次印刷

710mm×1000mm　1/16　6.5印张(插页:2)　103千字
定价:58.00元

前　言

从全球发展的历史经验来看,创新和创业活动是稳定经济增长、创造就业机会、提升国际竞争力的重要因素。党的十九大报告指出:"激发和保护企业家精神,鼓励更多社会主体投身创新创业。"习近平总书记强调:"要营造有利于创新创业创造的良好发展环境,最大限度释放全社会创新创业创造的动能。"2019年10月22日—23日,二十国集团(G20)就围绕"高质量创业服务,推动创新、就业和经济增长"主题展开讨论,创新创业的经济社会推动效应已逐步成为社会各界的共识。而其中"三区"(高校校区、科技园区、公共社区)作为"双创"服务工作的主阵地,充分实现创新创业对就业的促进作用,建立高效、便捷的沟通机制,搭建立体化的服务平台以及形成互补共赢的联动模式是经济可持续发展的重要支撑。

近年来,"三区联动"背景下"双创"呈现较好发展势态,然而,"双创"事业的建设面临诸多急需解决的问题和现实挑战:其一,何为"三区联动"?这一概念在经济社会的发展和民生需求变化的过程中需要明确内涵。其二,现阶段创新创业面临哪些问题?其三,如何评价创新创业扶持政策是否适宜?其四,长三角区域及上海"双创"背景下的就业发展如何?其五,与国外成功的模式相比,我们的"三区联动"创新创业具备哪些优势与不足?其六,"双创"事业建设中的关键问题及其策略是什么?解决上述问题,既是"创业带动就业"方针的升华,也是对区域发展治理能力的考验,更是党的十九届四中全会"推进国家治理体系和治理能力现代化"的必然要求。

本书通过全面深入研究创新创业企业总体情况、优秀创业项目带动就业效果,对"三区联动"创新创业带动就业在"双创"政策、"双创"资源、"双创"服务、"双创"模式等方面进行总结,就现阶段创新创业带动就业的效果进行对比优化,取得了多项成果,包括三个理论成果和三个技术突破:精确界定了"三区联动"的内涵和演化机制;确立了上海市创新创业扶持政策的指标体系;研究了国内外"三区联动"创新创业模式;确立了上海市创新创业扶持政策的指标权重;研究了创新创业带动就业的中介效应;研究了创业对就业岗位的创造效应,回答了亟待解决的六大理论和实践问题。

从本书中能够深刻感受到四个明显特征:

一是需求导向。无论是上海把创新创业作为推动经济转型发展、扩大就业的主攻方向,还是长三角地区的协同发展,"三区联动"创新创业更注重回应社会最迫切的需求和关注点,着力通过创新创业带动就业,让民生再上台阶。

二是效果显著。创新创业环境的有形基础设施、内部市场活力以及文化和社会规范优势明显,创新创业对就业存在显著的促进作用,创业整体上表现了就业岗位创造效应。

三是布局前瞻。创新创业的价值体现在社会效益上,形成"创新—创业—创造—创富"的发展模式,这起于政策支持,根在人才推动,源于技术集聚,成于风险投资,固于文化形成,充分激发市场活力和社会创造力,优化创新创业生态系统,推动我国经济高质量发展。

四是联动创新。创新创业高地的突破与推进,依赖于原始创新能力、成果转化能力和集成应用能力的同步提升,需要园区、校区和社区打破壁垒,并将三者的资源进行合并,培育融合发展、协同、开放、共享的双创生态环境,协同攻关是推动创新创业向纵深发展的重要保障。

百川朝海,积聚成渊。在"三区联动"发展状态下,我国将不断更新观念、开放合作、互补对接、再造优势,逐步形成产业集聚效应,有效提升创新创业能力与活力,为经济的发展保驾护航。

本书的写作是由上海工程技术大学李红艳、章瑞、陈克东，武汉大学曹娜以及华南理工大学唐莉霞完成。上海工程技术大学研究生黄欣晨、龚蕙子、古思佳、蒋华明、朱敏、邵欣露、陈子微参与了相关章节的资料收集。本书得到了共青团中央青少年发展研究课题（20YB042）、上海市劳动和社会保障学会、松江区经济委员会、中博教育等相关部门和单位大力支持，在此一并表示衷心感谢！

"三区联动"创新创业带动就业的研究需要不断探索和深入，我们期待进一步汲取各界专家学者的宝贵意见，使成果不断成熟、完善，切实反映创新创业的新趋势、新情况和新特征，共同为推进我国经济高质量发展一起努力。文中的不妥之处，敬请学术同仁与广大读者不吝赐教。

作者
2021 年 5 月

目　录

前言/1

第1章　"三区联动"创新创业的内涵与演化动力分析/1

1.1　"三区联动"的含义和特征/2

1.2　"三区联动"创新创业的演化动力/4

1.3　创新创业带动就业的理论基础/7

1.4　"三区联动"、创新创业和就业的互动/9

1.5　"三区联动"创新创业带动就业机会的影响因素分析/12

第2章　上海市"三区联动"创新创业的总体概况/20

2.1　上海市创新创业政策分析/21

 2.1.1　上海市创新创业相关政策梳理分析/23

 2.1.2　上海市创新创业相关政策的转变/23

 2.1.3　上海市创新创业相关政策瓶颈/24

2.2　上海市创新创业政策评价/25

 2.2.1　上海市创新创业政策内容的变化分析/25

 2.2.2　基于AHP的上海市创新创业政策评价/28

2.3　上海市企业创新创业现状及瓶颈/34

 2.3.1　规模以上企业创新现状及瓶颈/34

 2.3.2　初创企业现状及创业瓶颈/41

2.4 高校创新创业现状/45
　2.4.1 高校创新现状及瓶颈/45
　2.4.2 高校大学生创业情况/47

第3章 "三区联动"创新创业带动就业的效果分析/50
3.1 创新创业对长三角地区就业的影响研究/50
　3.1.1 研究综述/51
　3.1.2 研究设计/54
　3.1.3 实证研究结果分析/57
　3.1.4 结论与建议/62
3.2 创业对就业岗位的创造效应/63
　3.2.1 数学模型和方法基础/64
　3.2.2 指标选取/65
　3.2.3 数据来源/66
　3.2.4 创业与就业关系的实证分析/66
　3.2.5 实证结果/68

第4章 国内外关于创新创业理论与实践的借鉴/72
4.1 国内外创新创业经典模式/72
　4.1.1 "大学科技园"模式/72
　4.1.2 创新型产业集群模式/73
　4.1.3 "创意城市"模式/75
　4.1.4 政策拉动模式/76
　4.1.5 政企互动模式/77
4.2 国内外"三区联动"创新实践/78
　4.2.1 国外相关实践/78
　4.2.2 上海市杨浦区"三区联动"/79
　4.2.3 上海市奉贤区"三区联动"/80
　4.2.4 宁波"三区联动"/80

4.3　国内外创新创业模式成功经验借鉴/82
4.4　长三角区域借鉴硅谷模式分析/83
　　4.4.1　长三角区域借鉴硅谷模式的优势/84
　　4.4.2　长三角区域借鉴硅谷模式的挑战/85
　　4.4.3　长三角区域借鉴硅谷模式的建议与对策/87

第5章　"三区联动"创新创业带动就业的建议/88
5.1　"三区联动"带动就业/88
　　5.1.1　加强营造"三区联动"的制度环境建设/88
　　5.1.2　完善大学科技园软硬件条件/89
　　5.1.3　明确建立科技成果转化机制制度/89
　　5.1.4　推进培养创新型人才要求/90
5.2　创新创业带动就业/91
　　5.2.1　营造完善的法律环境/91
　　5.2.2　完善创新创业的便利条件/91
　　5.2.3　明确创建科研"中介"机构任务/92
　　5.2.4　推进创新创业教育要求/93

第 1 章

"三区联动"创新创业的内涵与演化动力分析

影响区域发展的重中之重是创新,创业则是社会经济进步的重要驱动。创新是创业的本质和手段,创业是实现创新的过程。现如今,随着科技革命和产业结构改革的加速,新技术、新产业、新模式、新业态逐步发展。创新创业与国家经济进步关系紧密,如何优化创新创业环境,推进创新创业发展成为新的关注焦点。

2019年10月22日—23日,G20创业研究中心在海南省三亚市举办G20创业圆桌对话,围绕"高质量创业服务,推动创新、就业和经济增长"主题进行研讨。其中全球创业观察(GEM)2018/2019中国报告指出,中国在创新创业活动中能力不断提高,而高成长企业的比例在两成左右波动[①]。虽然这一比例在过去10年间已有明显提升,但与美国和G7经济体相比仍有较大差距。为此,激发高校校区、科技园区和公共社区的互动,加强"三区融合,联动发展"的核心理念,在这个没有围墙的新模式下,创业者、求职者,甚至企业都将获得更多的资源和支持,实现中国创业环境的提升。

---

① 马昆姝.基于认知模式的创业机会识别研究[J].经济研究导刊,2020(2):61—62.

1.1 "三区联动"的含义和特征

"三区"是指高校校区、科技园区和公共社区。"三区联动"的基本含义可以概括为：以高校校区为依托，以科技园区为平台，以资源在公共社区的共享共建共进为总抓手，形成良好的区域创新氛围，以更好地促进大学发挥科技、知识和人才的"溢出效应"，有力地推动我国自主技术创新能力的提升[1]。"三区联动"用活一所大学的技术资源，带动周边高新科技产业发展，形成一个科技园区、进而打造成一个城区的产业特色，这无疑是一条可持续的经济发展之路[2]。

在"三区联动"的格局中，"三区"承载和负责不同的功效和职责，其中高校校区承担科技创造与高端人才培养，对区域经济发展与人才建设提供巨大的推动力和和延展力；而科技园区负责科技与技术的贯通融合，承担科技孵化和技术创新职责，是提供科技人才发明创造以及产学研一体化建设的基地，对产业创新、能级改造和结构调整具有关键作用；公共社区较高校校园和科技园区而言具有独特的功效和特点，是高校校园和科技园区的资源配置区，承载着服务与互联的功能，对于高校校园和科技园区有着生活服务与交流互动的环境关系。这种互动关系把科技创造与高端人才培养，科技与技术的贯通融合以及社区的服务与互联有效融贯起来，建构三方互联、融洽互通、资源共享、利益共用的新型模式，紧密结合、共同发展的城区发展新模式[3]。

从"三区联动"的内涵中，总结出"三区联动"的主要特征如下：

①开放性：三区中无论是校区、园区还是社区，都是未封闭的。任何一区都可以通过对外共享优势资源，协调发展，以此来更好地引入或融入其他地区的建设。互相开放是各区之间互通互联的前提。

②互动性：作为"三区联动"的重要特点，校区、园区和社区三方在资源共享的基础上，相互推动，相互促进。三者的发展相辅相成，互相牵制，从而使三者

---

[1] 夏光,屠梅曾."三区联动"的内涵、机制剖析及理论演进脉络[J].科学学与科学技术管理,2007(9):102-108.
[2] 黄春香.从"三区联动"谈美国高等教育创新经济发展之路[J].煤炭高等教育,2007(5):99-102.
[3] 王胜.关于"三区联动"共同搭建大学生创业平台的研究[J].中国集体经济,2013(15):89-90.

③和谐互补性:校区、园区及社区的优势资源各不相同,彼此间互助共享、缺一不可。因此,互补性成为"三区联动"的另一显著特征。

④联动过程性:"三区联动"并不是静止的、孤立的、瞬间的,而是一个持续的动态的发展过程,三者间的高水平联动是优化发展的重要支撑。三者间的联动是盘旋上升且持续动态发展的过程[①]。

其中,在上海的"三区联动"中,同济模式以及杨浦区"三区联动"最具特色。

(1) "三区联动"同济模式的特色

①企业的空间集聚:位于同济大学四平路校区附近的赤峰路和国康路,一边是高校校区,另一边是企业和服务设施集聚地,该区域模式表现为"集群现象",与相关建筑企业在服务和生产的各过程中互通互联、资源共享,形成整合度较高的产业链,同济大学对该产业集聚地带的发展具有极强的支撑作用。

②集群特征初步显现:对比上述集聚现象与集群特征,发现这一现象已经初步具备了集群的特点,从而影响了校园与城市空间关系的演变。

③校园和城市空间的融合:校园优势建筑学科的专业知识带动各街区的集群发展,同时扩大了自身功能活动的空间。

随着产业集聚强度的不断提升,大学知识"溢出效应"的不断加速以及相关福利政策的刺激,土地混合使用强度不断加大,开始出现了"三区"融合的空间投影现象[②]。

(2) 杨浦区"三区联动"的特色

在"三区联动"同济模式的特色基础上,杨浦区整体具有"三区联动"的特色:

①政府起着重要的推动作用。在杨浦区"三区联动"实践中,政府扮演着规划推动者的角色,通过打造政策红利、共办大学活动、完善双创交流平台建设,政府不仅致力于倡导和宣传"三区联动"的优势,而且不断地落实其发展规划。

②强调"三区"的共同主体作用。位于杨浦区的高校校区、科技园区和公共

---

① 李建强,黄海洋."三区联动"的主要模式及其多维视角解析[J].工业工程与管理,2009(3): 127—131.
② 谭震威,张希胜.大学的城市 城市的大学——"三区"联动之同济模式研究[J].高教发展与评估,2007(2): 6—12,120.

社区彼此之间利益共享、互惠互利,实现了"三区"的联动互通,三者作为"双创"主体的重要组成部分,相互牵制、缺一不可。

③中小企业集群发展的特征初步显现。如以复旦为中心的科技园区,一批新兴电子产业正逐步集聚,形成中小企业集群基地,逐步打造出以"双创"为特征的优质产业集聚区。

④对人才引进和培养高度重视。人才在杨浦知识创新区的建设中发挥了重要作用。在"三区联动"过程中,充分利用区域内的优质科教资源,致力于吸收全能型创新人才,实现人才在校区、园区和社区中锻炼和服务,推动"三区联动"的可持续发展。

⑤鼓励开放式推进各种联动:杨浦区的"三区联动"不仅强调在空间位置和各行各业上的联动,而且强调在各科技聚集地的融合发展[①]。从公共服务体系、市场体系、人员交流体系来推动校区的开放性,园区的开发性和社区的开放性。

"三区联动"的内在原理是以知识、创新和产业三者为重点的经济结构重塑过程。其本质上是一种机制创新,也是城区经济发展的一种新模式。因此,梳理清晰"三区联动"的演化推动力,能够更好地理解其中的动力发展过程和机理作用。

1.2 "三区联动"创新创业的演化动力

"三区联动"创新创业的演化动力分析也就是探究"三区联动"建立和推进创新创业的驱动因素。实践道路上所探索出的"三区联动",也是我国"三区"乃至国家提高自主技术创新能力的重要一环。

(1)大学转型的必然要求

当今新技术的研发过程愈加复杂,涉及的学科、技术越来越多,市场对研发的方向起到重要的引导作用,研发投入的高风险性也在逐步显现,因此,很多研发项目依靠单方力量很难实现,校区应该与外界各种资源充分交流,也可以联

---

① 姚芳.高校集聚地区发展模式研究[D].上海:复旦大学,2008.

合高新技术产业携手打造研发平台,实现新兴技术与信息的有效沟通,并实时关注市场需求,从而增强科研成果的产业效率,使大学担当好创新的"领头羊"角色,从而更好地服务经济发展。

(2)科技园区转型的必然要求

随着科技园区的高速发展,许多矛盾逐步暴露出来:①科技园区的创新质量有待提高;②科技园区的培育功能需要增强;③自主创新方面比较薄弱;④园区受行政功能影响程度较深等。因此,科技园区的高新技术企业如果想要得到长远发展,必须不断加大研发投入,特别是人力资源投入,提高自主创新能力。

(3)社区和国家转型的必然要求

相较于发达国家,我国的研发部门还缺乏相互之间有效的沟通和整合。这种现状不仅会引发资源配置不合理的问题,而且会导致研发资源浪费、研究成果无法转化和研发项目冲突的现象,这不利于增强我国的自主创新能力。我国创新能力的提高,不仅要从国家层面着手,还要不断扩大其影响范围,从国家到城市社区,都应采取相关措施,建设区域创新体系,打造区域竞争优势,实现区域的可持续发展[①]。

其中,衍生出"三区联动"发展的动力机制如图1-1所示。

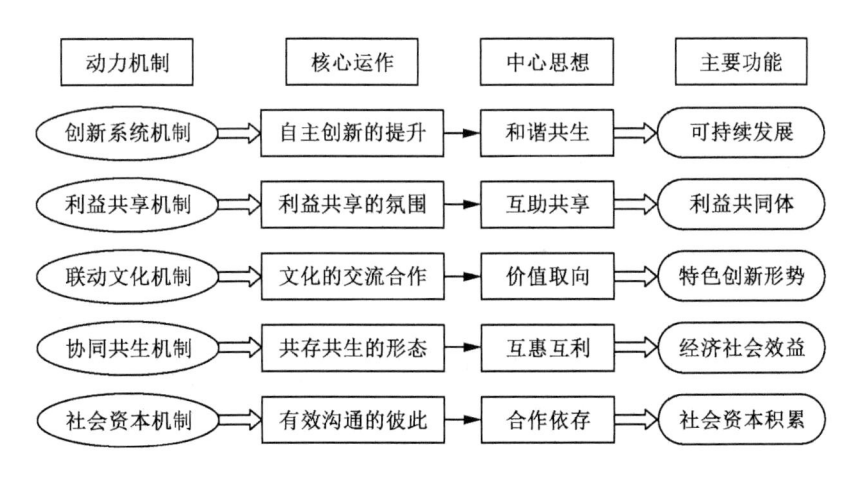

动力机制	核心运作	中心思想	主要功能
创新系统机制	自主创新的提升	和谐共生	可持续发展
利益共享机制	利益共享的氛围	互助共享	利益共同体
联动文化机制	文化的交流合作	价值取向	特色创新形势
协同共生机制	共存共生的形态	互惠互利	经济社会效益
社会资本机制	有效沟通的彼此	合作依存	社会资本积累

图1-1 "三区联动"创新创业的演化动力机制分析逻辑图

---

① 夏光.校区、园区与社区"三区联动"自主技术创新的模式、机制及实证研究[D].上海:上海交通大学,2007.

(1)创新系统机制

该机制是以各地区间的自主创新的提升为着力点,并且融入不同要素之间的创新活动实践中,彼此影响,互通互融,着眼于打造和谐共生的创新氛围,并不断完善相关政策体系,优化创新环境,从而实现"双创"系统逐步推动就业的可持续发展。

(2)利益共享机制

利益共享可以从马克思关于自由人联合体的构想找到理论根源,主要致力于打造一个人与人共同受益于利益共享而和谐、美好的友爱氛围。各区在该机制的促进下,校区、园区和社区彼此之间进行着多种资源置换,并彼此间取长补短,从而形成互助共享的利益共同体。

(3)联动文化机制

"三区"在各自的传统文化与特色文化的背景下,经过彼此间的相互交流与合作,文化逐渐互通互融,在此基础上,产生共有的价值取向,从而形成具有独特韵味的特色文化,以此提高各区域的"双创"能力,打造具有区域特色的创新新形势。

(4)协同共生机制

协同共生是整个社会系统得以发展和维持运行的基础。它强调各物种之间相互依赖、共存共生的发展形态。"三区"中任何一区都应适应环境要求,在与多个区域间的多边交流中互惠互利、合作共生。从而增加各区的经济效益和社会效益,减少资源浪费。

(5)社会资本机制

近年来的研究发现,社会资本对企业发展起着至关重要的作用。社会资本(social capital)被定义为社会成员从不同的社会结构中获得的利益。社会资本是基于社会成员相互依赖的基础而存在的。社会资本的累积程度与"三区"之间合作依存程度成正相关关系,因此,"三区"之间的有效沟通越多,彼此间合作程度就越强,从而越有利于提升社会资本的积累[1]。

---

[1] 刘芹,张永庆,樊重俊.基于动力机制的三区联动发展战略研究[J].科技进步与对策,2009(9):55—58.

1.3 创新创业带动就业的理论基础

(1)"三螺旋"理论及其教育融合的模式构建

"三螺旋"理论是美国社会学家亨利·埃茨科威兹(Henry Etzkowitz)提出的,该理论强调各组织之间相互依存、相互影响,在保持自身优势的基础上,学习其他组织的能力,取长补短,政府、企业、大学三种力量持续迸发创新流,竞争力保持螺旋上升趋势。"三螺旋"理论的核心在于政府、企业与大学这三个组织之间存在相互影响的合力(图1—2)。这一合力的最大化发挥,需要大学充分调动多方参与的热情,在人才培养上互相扶持,将"引企入教"和"引政入教"相结合,以使高校的专业教育与"双创"教育进行有机融合[①]。

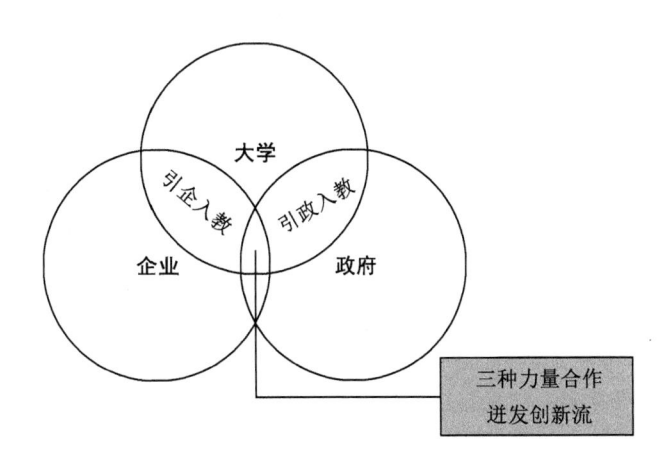

图1—2 政府、企业、大学"三螺旋"体系

(2)ERG理论及其"双创"教育平台构建

美国学者克雷顿·奥尔德弗(Clayton Alderfer)基于马斯洛需要层次理论,从现实出发,提出了人本主义需要理论(ERG理论,见图1—3)。第一是生存方面的需要(existence),其次是互相关联性方面的需要(relatedness),最后是成长

---

① 罗昆,张廷龙.创新创业教育与专业教育融合的模式、路径与实践——基于"三螺旋"理论的视角[J].山东科技大学学报:社会科学版,2019(5):103—108.

发展方面的需要(growth theory)。ERG 理论提出了新的"受挫—回归"思想，即一个人在某一层次需要尚未得到满足时，他可能会停留在这一层次上，直到获得满足为止。结合高校大学生的创业教育工作来说，学生处于核心地位，秉持着以人为本的教育理念。首先，必须尊重学生的"双创"需求；其次，构造多样化的激励手段，满足不同个体的首要需要。此外，还应积极联合各地区企事业单位，共同致力于"双创"教育平台的构建，强化教育成果。因此，人本主义需要理论对加强大学生"双创"教育工作具有重要意义[①]。

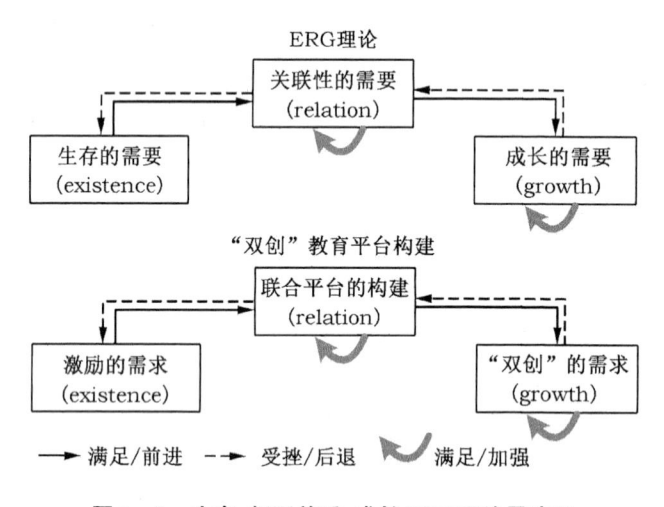

图 1-3　生存、相互关系、成长 ERG 理论及应用

（3）生态系统理论及其与大学生创新创业培育环境的契合

布朗芬布伦纳(Urie Bronfenbrenner)在生态系统理论模型中将人赖以生存的外部环境视为行为系统，提出人与其生活环境相互影响的观点。强调环境对人成长起到的至关重要影响，将家庭、学校、社会、政策等环境因素都视为一个网络，并将个体的发展置于其中进行调查，使得研究成果的可信度更强。同时，该模型强调发展不是静态的，将时间作为研究个体变化的参照因素。生态系统理论强调人的发展是在多种外部环境因素的相互影响中实现的，而大学生"双创"人才培育方案对学生的全面发展、提高就业率、服务国家现代化建设等

---

① 罗文雯,朱金龙.基于 ERG 理论的地方高校大学生创新创业教育路径探索[J].长春师范大学学报,2019(3):169-171.

方面起到了至关重要的作用①(见图1—4)。

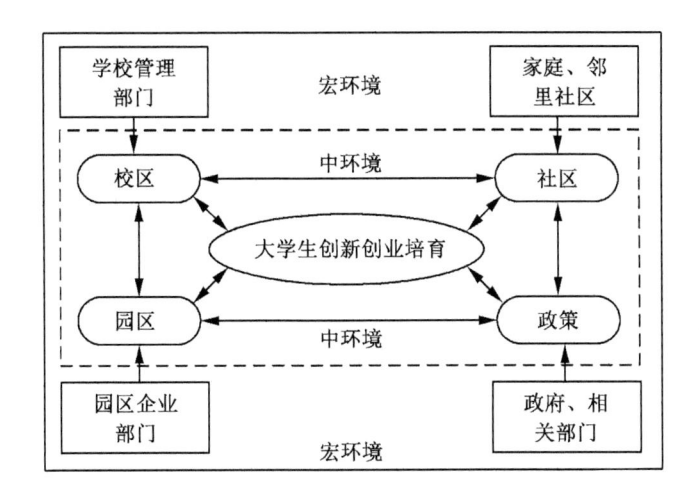

图1—4　大学生创新创业培育生态系统

(4) 协同理论及其"三区联动"促进创新创业的支撑

哈肯(Hermann Haken)教授的协同理论，是在系统论、控制论、信息论等多种学科的研究基础上形成并发展的新兴学科。它提出了宏观与微观相结合的基本理论要点，并进一步指出，客观世界中的物质系统运行存在着一种"自组织"的协作运行机制。这启发我们，在开展"双创"人才的教育培养中，既要发挥高校的主体引导作用，又要联合校企校政，使不同客体之间合作共赢，共同培养"双创"人才②。"三区联动"促进创新创业的协同环境如图1—5所示。

1.4　"三区联动"、创新创业和就业的互动

(1) "三区联动"对创新创业和就业机会的带动作用

高校校区和科技园区作为创新创业的核心，两者的发展可以说是创新驱动

---

① 苏新华,陈为德.基于生态系统理论的大学生创新创业培育环境优化探析[J].理论导刊,2019(9):109—113.
② 奚雪峰,付保川,张兄武.基于协同理论的高校创新创业人才"竞标式团队协作"培养机制的构建[J].黑龙江教育(高教研究与评估),2019(9):73—76.

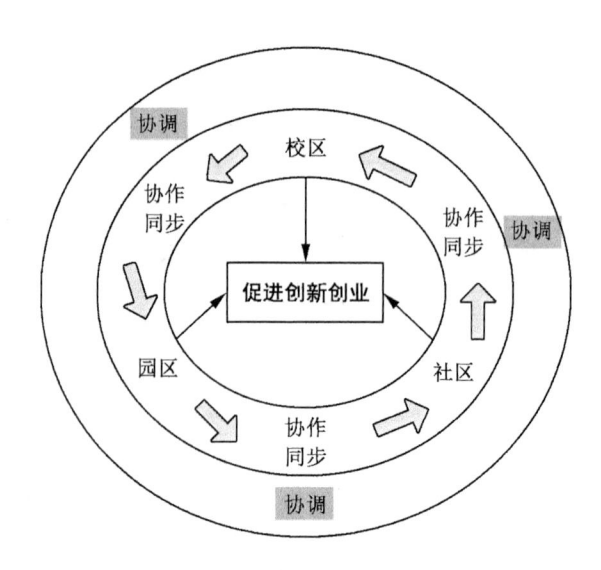

图1—5 "三区联动"促进创新创业的协同环境

发展战略的命脉之一,而公共社区作为两者基础设施的提供者,不可与其分开。三者的互动即构成"三区联动"。在"三区联动"中,一方面,三大主体各自开展创新创业活动,如高校开设创新创业课程教育、科技园区进行科技创新等,这些行为将直接促进创新创业的发展;另一方面,三者之间的两两互动和三者互动会因其在沟通交流的过程中间接为创新创业提供灵感,促进创新创业的发展。创新创业活动从无到有、从少到多的过程中必然会逐渐增加就业机会。

(2)就业机会的增加和创新创业的发展反推"三区联动"进步

就业机会增加一定程度上会创造出更多的经济增长点,以使区域甚至国家整体经济得以发展,为创新创业提供良好的经济形势,在良好的大环境下,"三区联动"能够获得更优的资金和政策等相关方面的支持,校区和园区开展创新创业活动的阻力变小,能够更加自由地根据自身特点以自身的力量推动"三区联动"的发展。

关于"三区联动"关系如图1—6所示。"三区联动"可以划分为"园区主导型""校区主导型"和"社区主导型"三种主要模式,不同的主体在不同的模式中起着主导作用。"三区"各自通过自身的职能特点,最大限度地在"三区联动"中发挥出自己的作用。

1978—1984年 → 1985—1994年 → 1995—2005年
全面恢复科技工作　　大力发展高新技术　　实施"科教兴市"战略

→ 2006—2014年 → 2015—2018年
建设创新型城市　　建设具有全球影响力的科创中心

图 1-6(a)　园区主导型示意图

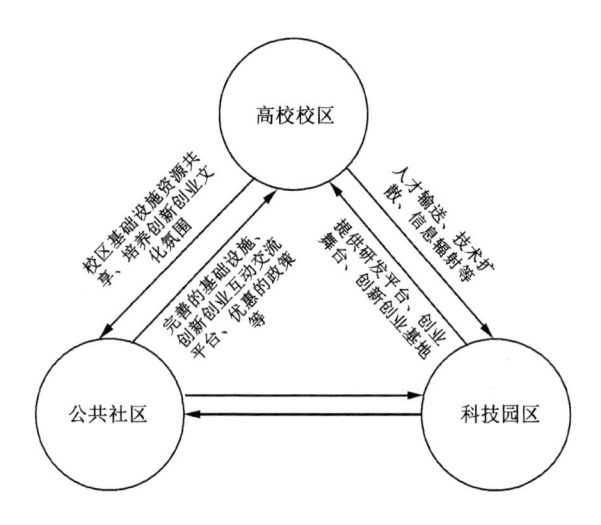

图 1-6(b)　校区主导型示意图

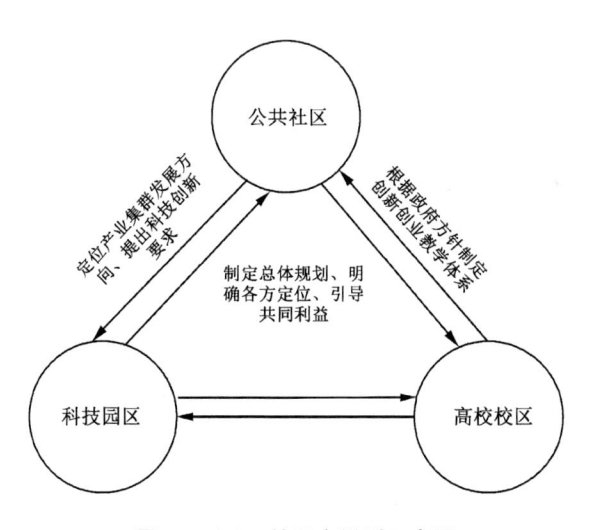

图 1-6(c)　社区主导型示意图

由图1—6(a)—(c)可见,在"三区联动"的完整体系中,高校校区通过创新创业课程的开设、创新创业实践活动的开展、就业指导等一系列的活动来完善自身创新创业教育体系,以培养创新创业的人才,解决大学生就业问题为导向。高校所产生的新兴成果和知识创新会扩散到科技园区中,帮助科技园区进行科技创新。同时,科技园区因其自身的特点可以为大学生提供丰富的实践平台,社区扮演着"中间人"的角色,在提供创新创业交流平台方面发挥着作用。高校在培育人才的过程中势必会释放出创新文化信号,潜移默化地影响公共社区和科技园区;科技园区作为区域创新的核心力量,以推动科技孵化、技术创新、创意产品生产的高效发展为己任。在公共社区提供完善的基础设施的前提下,一方面,科技园区通过高校校区所提供的人才和知识技术进行研发以促进产业链的优化和高新产业集群的建立,另一方面,创新创业所形成的产业集聚效应会创造出新的就业机会,为区域经济发展创造动力。公共社区需制定区域发展战略,规划区域发展路线,确定发展目标,以此为前提为高校校区和科技园区提供优惠的政策。同时,在土地、税收、融资等方面应当为高校校区和科技园区提供保障,为他们免除后顾之忧。

1.5 "三区联动"创新创业带动就业机会的影响因素分析

由于"三区联动"自身的演化动力是促进创新创业发展的重要一环,从创新系统的各个不同机制角度出发,从中进行分析提取构成"三区"演化动力一级指标,如表1—1所示。

表1—1　　　　　　"三区联动"创新创业带动就业影响因素

一级指标	主要因素(二级指标)
公共社区	S1 完善的公共设施 S2 优惠的政策 S3 科技公共服务平台 S4 创新创业交流互动平台

续表

一级指标	主要因素(二级指标)
高校校区	S5 学生综合素质 S6 创新创业理论教育课程 S7 创新创业实践教育课程 S8 高校就业指导
科技园区	S9 科技孵化 S10 技术创新 S11 创意产品生产 S12 产业链的优化 S13 产业集群
"三区"演化动力	S14 "三区"的文化联动 S15 "三区"的协同共生 S16 社会资本的积累 S17 "三区"整体学习能力 S18 区域竞争力 S19 "三区"创新网络和系统

同时通过征询10位高校专家、5位高新技术企业负责人、2位社区领导的意见，我们最终筛选出影响"三区联动"创新创业带动就业机会的主要因素，如表1—1所示。同时，在以往研究基础上，本书提出新增"三区联动"(S20)、就业机会增长(S21)两个重要因素。下面使用解释结构模型ISM对"三区联动"创新创业带动就业机会的影响因素进行结构分层研究，研究步骤如下。

(1)建立系统要素间的二元关系表并建立邻接矩阵A

基于"三区联动"创新创业带动就业机会影响因素的分析，通过研究各个因素之间的关系，使用邻接矩阵在各个要素之间逐一比较，以施加影响的要素为行、受到影响的要素为列，当两个要素之间影响的关系成立时取"1"、不成立时取"0"。通过文献研究法对"三区联动"创新创业带动就业的21个因素[新增"三区联动"(S20)、就业机会增长(S21)]进行分析，通过以上专家的意见整理，构建其邻接矩阵A，如表1—2所示。

表 1—2　　　　　　　　　　　矩阵 A：邻接矩阵

要素	1	2	3	4	5	6	7	8	9	10	11	12	13	14	15	16	17	18	19	20	21
1	1	0	1	1	0	0	0	0	1	1	1	0	0	0	0	0	0	0	0	0	0
2	0	1	0	0	0	0	0	0	0	0	0	0	1	0	0	0	0	0	0	0	0
3	0	0	1	0	0	0	0	1	0	0	1	1	0	0	0	1	1	0	0	0	0
4	0	0	0	1	0	0	0	1	1	0	0	0	1	0	0	1	0	0	0	0	0
5	0	0	0	0	1	0	0	0	1	1	0	0	0	0	0	0	1	1	0	1	1
6	0	0	0	0	1	1	1	0	0	1	1	1	0	0	0	0	0	1	1	0	0
7	0	0	0	1	1	0	1	0	1	1	1	0	1	0	0	1	1	1	0	0	0
8	0	0	0	1	1	0	0	1	0	0	0	0	1	0	0	0	0	0	0	0	0
9	0	0	0	0	0	0	0	0	1	0	0	0	1	0	1	0	1	1	0	0	0
10	0	0	1	1	0	0	0	0	1	1	1	0	0	0	0	1	0	0	0	0	0
11	0	0	0	0	0	0	0	0	1	0	1	0	0	1	0	1	1	0	0	0	0
12	0	0	0	0	0	0	0	0	0	0	1	1	0	0	0	1	0	0	0	0	0
13	0	0	0	0	0	0	0	0	0	0	1	0	1	1	0	1	1	0	0	0	0
14	0	0	0	0	0	0	0	0	0	0	0	0	0	1	1	0	1	0	1	0	0
15	0	0	0	0	0	0	0	0	0	0	0	0	0	0	1	0	0	1	0	0	0
16	0	0	0	0	0	0	0	0	0	0	0	0	0	0	0	1	0	1	1	0	0
17	0	0	0	0	0	0	0	0	0	0	0	0	0	0	0	0	1	1	1	1	0
18	0	0	0	0	0	0	0	0	0	0	0	0	0	0	0	0	1	1	1	1	0
19	0	0	0	0	0	0	0	0	0	0	0	0	0	0	0	0	0	1	1	1	0
20	0	0	0	0	0	0	0	0	0	0	0	0	0	0	0	0	0	0	0	1	1
21	0	0	0	0	0	0	0	0	0	0	0	0	0	0	0	0	0	0	0	0	1

（2）求出系统的可达矩阵 R

通过邻接矩阵，找出所有直接和间接关系的因素，计算规则是令 $A_1=(A+I)$，$A_n=(A+I)^n$，当 $A_n=A_{n-1}\neq A_{n-2}$ 时，$R=A_{n-1}$ 即为可达矩阵，如表 1—3 所示。

表 1—3　　　　　　　　　　　矩阵 R：可达矩阵

要素	1	2	3	4	5	6	7	8	9	10	11	12	13	14	15	16	17	18	19	20	21
1	1	0	1	1	0	0	0	0	1	1	1	1	1	1	1	1	1	1	1	1	1

续表

要素	1	2	3	4	5	6	7	8	9	10	11	12	13	14	15	16	17	18	19	20	21
2	0	1	0	0	0	0	0	0	0	0	0	0	1	0	1	1	0	1	1	1	1
3	0	0	1	1	0	0	0	1	1	1	1	1	1	1	1	1	1	1	1	1	1
4	0	0	1	1	0	0	0	1	1	1	1	1	1	1	1	1	1	1	1	1	1
5	0	0	1	1	1	0	0	1	1	1	1	1	1	1	1	1	1	1	1	1	1
6	0	0	1	1	1	1	0	1	1	1	1	1	1	1	1	1	1	1	1	1	1
7	0	0	1	1	1	0	1	1	1	1	1	1	1	1	1	1	1	1	1	1	1
8	0	0	1	1	1	0	0	1	1	1	1	1	1	1	1	1	1	1	1	1	1
9	0	0	1	1	0	0	0	1	1	1	1	1	1	1	1	1	1	1	1	1	1
10	0	0	1	1	0	0	0	1	1	1	1	1	1	1	1	1	1	1	1	1	1
11	0	0	1	1	0	0	0	1	1	1	1	1	1	1	1	1	1	1	1	1	1
12	0	0	0	0	0	0	0	0	0	0	0	1	0	1	1	0	1	0	1	1	1
13	0	0	0	0	0	0	0	0	0	0	0	1	0	1	1	0	1	1	1	1	1
14	0	0	0	0	0	0	0	0	0	0	0	0	0	1	1	0	1	1	1	1	1
15	0	0	0	0	0	0	0	0	0	0	0	0	0	0	1	0	1	1	1	1	1
16	0	0	0	0	0	0	0	0	0	0	0	0	0	0	0	1	0	1	1	1	1
17	0	0	0	0	0	0	0	0	0	0	0	0	0	0	0	0	1	1	1	1	1
18	0	0	0	0	0	0	0	0	0	0	0	0	0	0	0	0	0	1	1	1	1
19	0	0	0	0	0	0	0	0	0	0	0	0	0	0	0	0	0	0	1	1	1
20	0	0	0	0	0	0	0	0	0	0	0	0	0	0	0	0	0	0	1	1	1
21	0	0	0	0	0	0	0	0	0	0	0	0	0	0	0	0	0	0	1	0	1

(3)对可达矩阵进行区域和级位划分

应用可达矩阵 R,求如下集合:$R(S_i)=\{S_j|r_{ij}=1\}$,其中,$R(S_i)$ 称为可达集,则可达矩阵 R 的第 i 行上元素值为 1 的列即为所求。设 $A(S_i)=\{S_j|r_{ji}=1\}$,而 $A(S_i)$ 称为前因集,可达矩阵 R 的第 i 列上元素值为 1 的即为所求。区域和级位划分最终结果如表 1—4 所示。

表 1—4　　　　　　级位划分

Si	$R(Si)$	$A(Sj)$	$C(Si)=R(Si)\cap A(Sj)$	$C(Si)=R(Sj)$
1	1,3,4,9—21	1	1	L9

续表

Si	$R(Si)$	$A(Sj)$	$C(Si)=R(Si)\cap A(Sj)$	$C(Si)=R(Sj)$
2	2,13,15,16,18—21	2	2	L7
3	3,4,9—21	1,3,4,5,6—11	3,4,9,10,11	L8
4	3,4,9—21	1,3—11	3,4,9,10,11	L8
5	3,4,5,9—21	5—8	5	L9
6	3—6,9—21	6	6	L9
7	3—5,7,9—21	7	7	L9
8	3,4,5,8—21	8	8	L9
9	3,4,9—21	1,3—11	3,4,9,10,11	L8
10	3,4,9—21	1,3—11	3,4,9,10,11	L8
11	3,4,9—21	1,3—11	3,4,9,10,11	L8
12	12,13,15,18—21	1,3—12	12	L7
13	13,15,18—21	1—13	13	L6
14	14,15,18—21	1,3—11,14	14	L6
15	15,18—21	1—15	15	L5
16	16,18—21	1—13,16	16	L5
17	17—21	1,3—11,17	17	L5
18	18,19,20,21	1—18	18	L4
19	19,20,21	1—19	19	L3
20	20,21	1—17,20	20,21	L20
21	21	1—17,21	21	L21

(4) 多级阶梯有向图

在区域划分和级位划分结果的基础上，绘制多级阶梯有向图，可以得出"三区联动"创新创业带动就业机会的影响因素的 ISM 结构模型，如图 1—7 所示。

根据图 1—7，可知：

①位于最底层的因素有完善的公共设施（S1）、学生综合素质（S5）、创新创业理论教育课程（S6）、创新创业实践教育课程（S7）、高校就业指导（S8）这 5 个影响因素。处于最底层的因素是最根本的因素，它对其他因素的解决起着根本

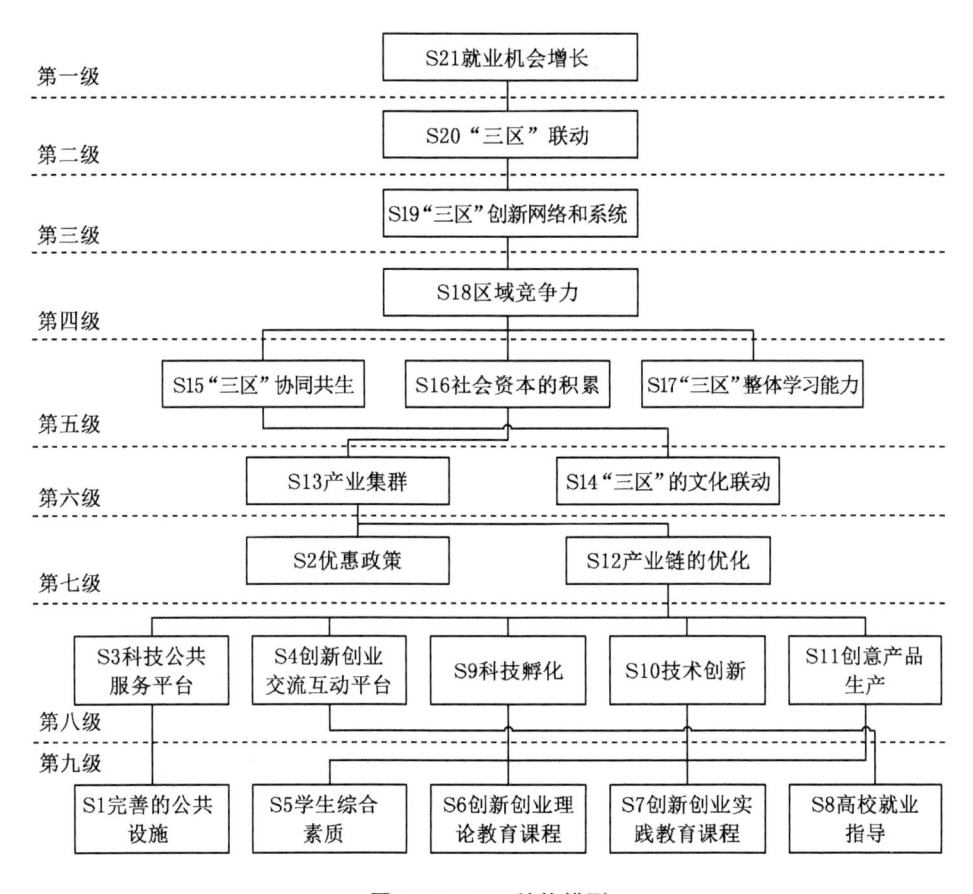

图 1-7 ISM 结构模型

性的作用。

②处于最顶层的因素只有就业机会(S21)这 1 个因素,它是该系统的终极目标。其依赖于底层因素和中间因素的解决。

③处于底层和顶层(L2—L8)中间的共有 15 个因素,即科技公共服务平台(S3)、创新创业互动交流平台(S4)、科技孵化(S9)、技术创新(S10)、创意产品生产(S11)、优惠政策(S2)、产业链的优化(S12)、产业集群(S13)、三区的文化联动(S14)、三区协同共生(S15)、社会资本的积累(S16)、三区整体学习能力(S17)、区域竞争力(S18)、三区创新网络和系统(S19)、三区联动(S20)。这些因素是间接的影响因素,受到底层因素影响之后传递给顶层影响因素。

根据 ISM 的分析结果可知,"三区联动"创新创业带动就业机会的影响因素间具有较强的关联关系,且各因素间存在着层次性,因此为了提高我国"三区联动"创新创业带动就业机会的能力和水平,需要统筹规划"三区"资源,强化三大平台建设。

①公共社区加强基础设施建设,建立信息反馈机制

从 ISM 的结果中可以看出,首先需要完善的是完善的公共设施(S1),这需要公共社区加强基础设施建设:一方面,公共社区应在土地资源共享、公共服务、社会服务、后勤保障这些硬件设施方面加大建设力度,为"三区联动"创新创业扫除基础设施障碍;另一方面,社区活动可以延伸至创新创业理论教育课程(S6)、创新创业实践教育课程(S7),诸如社区志愿者培训活动和提高居民相关创新创业意识教育之类的活动也是基础设施软环境的重要组成部分,应当受到足够的重视。而科技园区和校区之间的沟通交流十分重要,社区要在其中起到中间人的作用,信息反馈机制的建立可以确保彼此之间不会因为沟通不畅产生矛盾。

②高校改进人才培养模式,以培养全方位创新创业人才为目标

ISM 结构模型的最底层因素学生综合素质(S5)、创新创业理论教育课程(S6)、创新创业实践教育课程(S7)和高校就业指导(S8)来自高校的人才培养:首先,学生在理论知识结构构建的基础上要转变观念,以自身综合素质的提高为目标,追求个人人力资本的增加,以减少其将来在自主创新创业中可能遇到的个人阻力,为自己提高自主创造就业机会和获得企业投来就业机会橄榄枝的双重可能性。其次,高校要进行更加合理的课程规划,创新创业理论课程与实践课程并行。在指导学生基础知识地基打牢的同时,给予学生进入科技园区的机会,使他们能够在各个企业中实践探索,切身感受一个公司的运作机制,在人力资源管理、企业文化、公司氛围中增强自身对于创业的体会与感悟。最后,创业导师制,科研人员校企、院企共建双聘机制①的教学方式需在大学校园内铺开,用创新的教学方式更好地培育出创新型综合人才。

③科技园区构建特色化产业体系,形成产业聚集优势

底层的因素还包括科技公共服务平台(S3)、创新创业互动交流平台(S4)、

---

① 关于推动创新创业高质量发展打造"双创"升级版的意见,国发〔2018〕32 号。

科技孵化(S9)、技术创新(S10)、创意产品生产(S11)等,园区的主要目标是新兴技术孵化、提高技术创新的能力以及积极促进创意产品的生产;高新产业体系能够打造具有核心竞争力的产业集聚区和旗舰品牌。深化产业转型,转变发展方式,进行产业技术革新,都应当加强企业之间的合作,实现技术与资源的共享。以浓厚的学习文化氛围促进彼此共同攻坚克难、共同进步。

  通过本章前述五个部分的梳理,能够了解"三区联动"相关基础知识以及理论。新时代国家所搭建的"大众创业、万众创新"平台,正在吸引着越来越多的社会力量的参与。而上海作为全国贯彻落实国家创新驱动发展战略、能动发展经济的排头兵,准确把握了"双创"发展的新趋势、新特征,早早便厚植了发展的土壤,营造出创新创业的生态。尤其是在"三区联动"创新创业这一方面,上海敢为人先、积极开拓出"三区联动"的新天地,为努力推动产业技术进步、产业结构升级,促进区域经济发展出谋划策。

第 2 章

上海市"三区联动"创新创业的总体概况

自李克强总理在达沃斯论坛上提出"大众创业、万众创新"这一概念以来,创新创业就成为驱动经济发展的热门。相比单纯的创业和创新,创新创业更具指向性,即在创新的基础上创业,创新是创业的基础,创业是创新的延伸[①]。习近平总书记在参加十三届全国人大二次会议福建代表团审议时强调,要坚持问题导向,解放思想,通过全面深化改革开放,给创新创业创造更好的环境,最大限度释放全社会创新创业创造动能。

"双创"的目的并不是要每个人都去做重大发明,而是在于微观主体创新,其具有效率高、成本低和创新点多样化的特点[②]。而且创新不仅局限于科技创新,更多在于体制、管理和政策创新。以上海为例,为建设具有全球影响力的科技创新中心,上海将创新创业焦点由增加物理空间和资金投入逐步过渡到营造创新创业良好环境已经经历了 40 余年的发展历程,如图 2—1 所示。

上海作为中国经济的桥头堡,始终把创新创业作为推动经济转型发展、扩大就业的主攻方向。本部分在回顾上海创新创业发展历程的基础上,结合上

---

① 刘志阳. 最大限度释放全社会创新创业创造动能[C]. 中国共产党新闻,2019—03—12.
② 李克强倡导"万众创新":为中国经济升级版发力[C]. 中国新闻网,2014—09—14.

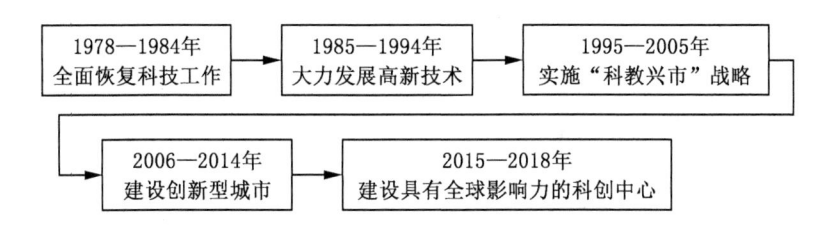

```
1978—1984年          1985—1994年          1995—2005年
全面恢复科技工作  →  大力发展高新技术  →  实施"科教兴市"战略
                                                    ↓
                      2006—2014年    ←    2015—2018年
                      建设创新型城市       建设具有全球影响力的科创中心
```

图 2—1　上海创新创业政策发展历程脉络图

海市创新创业新政策的影响因素,构建上海市创新创业政策评价指标体系,判断指标之间的权重,便于创新创业扶持政策发挥更大的效用。同时,本章从企业(规模以上企业、初创企业)的描述性统计和相关性分析基础上发掘上海创新创业现状,探讨发展中遇到的瓶颈,通过高校创新和大学生创业的现状,激发全社会的创业激情和创新热情,"三区联动"可以将高校科技创新成果在科技园区形成生产力,加强企业的核心竞争力,将高校"创新"与企业"生产"有效结合。

2.1　上海市创新创业政策分析

2018 年 6 月,上海市人民政府办公厅关于印发《上海市鼓励创业带动就业专项行动计划(2018—2022 年)》的通知(沪府办发〔2018〕24 号);该计划紧紧围绕国家鼓励"双创"的战略部署,聚焦新时代创新创业的形势变化、矛盾变化,明确了今后一段时期上海促进创业带动就业工作的新目标、新任务、新举措[1]。自 2018 年 12 月起,上海市创业扶持相关政策全面升级,完善创业担保贷款和贴息政策合并、完善初创期创业组织社会保险费补贴政策、完善创业场地房租补贴政策和首次创业一次性补贴政策 4 项创业带动就业政策,在全市掀起创业高潮,推动创业发生深层次转变。表 2—1 罗列了上海市近年来出台的一些创新创业服务政策。

---

① 上海出台新一轮鼓励创业带动就业计划[N/OL].工人日报[2018—7—31]. http://paper.cdht.gov.cn/pc/c/201807/31/c10939.html/.

表 2—1　　　　　　　　上海市创新创业服务相关政策

相关政策	发布时间名称
市政府办公厅关于印发《上海市鼓励创业带动就业专项行动计划(2018—2022年)》的通知	沪府办发〔2018〕24号
市政府办公厅转发市人力资源社会保障局等关于新形势下进一步促进本市青年就业创业的若干意见的通知	护府办发〔2017〕39号
市教委等关于做好2017年上海高校毕业生就业创业工作的通知	沪教委学〔2017〕4号
市政府印发《关于全面建设杨浦国家大众创业万众创新示范基地的实施意见》的通知	沪府发〔2016〕95号
市政府办公厅关于印发《上海市简化优化公共服务流程方便基层群众办事创业工作方案》的通知	沪府发〔2016〕4号
市政府关于印发修订后的《鼓励留学人员来上海工作和创业的若干规定》的通知	沪府发〔2016〕8号
公厅关于印发《上海市深化高等学校创新创业教育改革实施方案》的通知	沪府办〔2016〕2号
市人力资源社会保障局等关于进一步落实鼓励创业带动就业行动计划有关问题的通知	市政府办沪人社就发〔2015〕44号
市政府办公厅关于印发上海市鼓励创业带动就业三年行动计划(2015—2017年)的通知	沪府办发〔2015〕43号
市国税局关于调整本市支持和促进重点群体创业就业有关税收优惠政策具体实施问题的公告	2015年10月30日
市政府关于进一步做好新形势下本市就业创业工作的意见	沪府发〔2015〕36号
市政府印发关于加快上海创业投资发展若干意见的通知	沪府发〔2014〕43号

2009年至2017年,上海已连续三轮出台三年鼓励创业带动就业行动计划,累计帮扶引领成功创业10.6万人,带动就业82.5万人[①]。"政府激励创业、社会支持创业、劳动者勇于创业"的工作机制和良好氛围初步形成,市民整体创业活动率从2008年的7.4%提高到了2017年的12.6%[②]。

---

① 鲁哲.上海发布新一轮鼓励创业带动就业专项行动计划 未来5年帮扶引领成功创业5万人[N/OL].新民晚报数字报纸.[2018—7—26].http://xmwb.xinmin.cn/lab/html/2018—07/26/content_6_1.htm.

② 杨静.上海创业活动呈理性上升趋势 居民整体创业活动率为12.6%[EB/OL],央广网.[2018—3—28].https://baijiahao.baidu.com/s?id=1596186850684894124&wfr=spider&for=pc.

2.1.1 上海市创新创业相关政策梳理分析

上海市政府鼓励创新创业政策主要体现在以下几个方面：

其一，为提高投资创业的便利性进行简政放权。简化行政审批的程序，促进投资创业的便利化并加强事中事后的监管。

其二，形成多元多分支的资金链。包括创业资金直接投入，以及利用税收优惠政策间接支持的创业资金。完善市场化机制，努力形成多元多分支资金。鼓励地方部门设立创业基金，对创业组织的社会保险费、创业场地房租等给予补贴。对小微企业、孵化机构和投向创新活动的天使投资等给予税收优惠[①]。这将给小微企业带来"真金白银"般的实惠。

其三，利用高校创新创业孵化平台提供创业指导和服务。推动高校普及创业，在高校中孵化创新创业培训基地，能让更多人敢于尝试创业并带动就业[②]。

2.1.2 上海市创新创业相关政策的转变

从表2—1中可以看出，上海市创新创业服务相关政策中，明显的亮点包括：

①在没有提及市场经济的情况下，上海市为了激励科研人员，释放科研能力试点有偿合同制。在当时中央财政事业费拨款减少但市场不断变大的背景下，这一大胆的举措不仅灵活地搭建起政府和企业的联系，而且让科研单位树立了经济意识。运用了管理学有关理论——奖励机制就能激发科研人员创新动力，同时在合同制预算的约束下，更树立科研单位的节约意识，一举两得。

②将关注重点由科研单位转向中小企业创新和科技成果转化，同时设立技术成果评定委员会。打通中小企业科研成果转化有利于科研产品投放市场进行批量生产，而设立评定委员会则是为了监督科研成果转化的公平，而且对于打破科技创新瓶颈，促进科研技术成果转化等方面提供了便利。

③出台更多的配套政策，包括"三区联动"、产学研合作交流等，进一步强化

---

① 上海市人力资源和社会保障局.《上海市人力资源和社会保障局、上海市财政局、上海市教育委员会关于落实本市鼓励创业带动就业专项行动计划有关事项的通知》(沪人社规〔2018〕37号)，2019—2—27.
② 王琳."互联网+"背景下高校创新创业人才孵化平台建设[J].发明与创新（职业教育），2020(12):156+158.

财政、税收、人才等方面的扶持。而且政策之间的组合更多,协调性更强。将创新创业政策关注点由过去增加物理空间和资金投入逐步转移到创新创业创造良好环境上。这对上海实施创新驱动发展战略以及建设具有全球影响力的科技创新中心的影响十分深远,更是为完善创新创业过程中体制机制、吸纳人才、营造创新良好环境等方面奠定了重要的基础。

在市区两级政府、高校师生以及社会各界共同推动下,"三区联动"在促进地区产业发展、推进社会经济发展中取得了初步成效。2018年,上海各类众创空间达500余家,其中通过国家级科技企业孵化器认定的有49家[①]。上海孵化器累计培育在孵企业超过2万家。创新产出大幅提升,2017年全市专利授权量超过7.05万件,比上年增长9.8%,其中发明专利授权量为2.07万件,增长3.1%。建设亚太地区知识产权中心城市,每万人口发明专利拥有量达到41.5件,比上年增长17.9%[②]。数据背后离不开上海市在创新创业上的投入,同时也见证了上海市从全面恢复科技工作到建设具备全球竞争力的科技创新中心这一历史转变。上海不断提升创新治理能力,并取得显著成效,走在了全国前列。上海着力深化"放管服"[③]改革,按照抓战略、抓规划、抓政策、抓服务的要求,统筹推进退、放、进、变,深化政府科技管理改革,在国内率先取消孵化器认定等审批事项,创新治理能力进一步提升[④]。

2.1.3 上海市创新创业相关政策瓶颈

然而研究中发现上海市在创新创业过程中存在不足。在创新创业的转型发展上,存在政策实施效率不高、服务规模不大、创新限制较多等问题。虽然上海市在全国范围内的科技和金融资源都相当丰富,但在创新创业的转型发展上还是存在一定的上升空间。究其原因主要在以下几个方面:

(1)资源的整合程度不够:虽然上海市在扶持人才创业上出台了许多相关政策,但各个类别政策都是分散运行的,需要统一的创业服务平台将资源整合,

---

① 上海推进科技创新中心建设办公室.上海科技创新中心建设报告2019[M].上海:格致出版社,2020.
② 莫负春,陈国良,徐钦福,等.上海大学校区—科技园区—公共社区三区联动发展研究报告[R].2007−01.
③ 周全绍.加快上海创新型城市建设[J].党政论坛,2007(12):32−33.
④ 刘润达,赵新力.数说改革开放40年科技创新发展[J].紫光阁,2018(10):58−59.

形成创业合力。

(2) 政策指向性模糊:上海市出台扶持创业的政策并没有随创业主体发展趋势而改变,产业的针对性不足导致政策效应发挥不理想。

(3) 培养创新创业意识不强:高校人才培养体系固化,创新创业指导课程设置有所欠缺,学生自身创新创业意识淡薄,且家庭对创业缺乏支撑,导致创业者创业动力不足。

在创业政策扶持方面,有些学者认为建立创业评价指标体系对解决创业"三低"(创业率低、存活率低、成功率低)和创业项目可持续性发展具有明显的推进作用[1]。但由于建立的指标体系不够全面,评价指标体系的客观性不免受到质疑。也有学者利用社会网络分析方法绘制江苏省创新创业政策图谱,细分创新创业环境各主体所发挥的作用虚化为各个行动者[2]。该办法的优势是可以发现某一方面对创新创业影响的权重,而且可以分析各个行动者相互影响权重,但对政策内部内容没有细化。

因此,本部分主要在分析上海市创新创业政策的基础上,围绕各个政策建立评价指标体系,运用专家评价法结合以往文献评分对各个指标进行打分,建立层次分析模型。

2.2 上海市创新创业政策评价

上海市创新创业政策评价是涉及空间、资金、环境、管理等多方面内容的决策过程,且各项指标之间也要互相比较,因此创新创业政策评价是一个多层次、多路径、多目标的分析过程。在指标选取方面,不仅要系统科学地选取,还要有章可循,更要尽可能反映上海市创新创业成效。但创新创业成效离不开具体的政策实施路径,有了具体的实施路径才能够做出更好的判断。

2.2.1 上海市创新创业政策内容的变化分析

上海市创新创业政策内容一直以创业需求为导向,近年来上海市创新创业

---

[1] 陈德仙,侣传振.大学生创业扶持政策执行效果评价[J].职业教育,2017(4):74—78.
[2] 戚湧,王静.江苏省大众创新创业政策评估[J].科技管理研究,2017(1):75—81.

政策细节变化如表2-2所示。

表2-2　　　　　　　　　上海市创新创业政策细节变化

政策效应	政策实施变化	相关政策
资源的整合程度	创办企业三证一体→可跨部门、行业、区域信息共享	上海市人民政府关于进一步做好新形势下本市就业创业工作的意见.沪府发〔2015〕36号
政策指向性	创业补贴统一实行→针对大学生不同群体实行"一生一策"	市国税局关于调整本市支持和促进重点群体创业就业有关税收优惠政策具体实施问题的公告.2015.(10)
培养创新创业意识	设立创新创业培养课程→绩效考核创业指导老师,对创业高校生放宽修学年限;将毕业年度指毕业后一年→毕业年度是指毕业所在自然年	市政府办公厅关于印发《上海市深化高等学校创新创业教育改革实施方案》的通知.沪府办〔2016〕2号
人才引进	转办户籍年限7年→专办年限调整3至5年;固定单位办理居留证→探索在基地内设立居留证受理点	市政府印发《关于全面建设杨浦国家大众创业万众创新示范基地的实施意见》的通知.沪府发〔2016〕95号;市政府办公厅关于印发上海市鼓励创业带动就业三年行动计划(2015—2017年)的通知.沪府办法〔2015〕43号
税收优惠	对吸纳失业人员(1年以上)税收优惠→吸纳失业人员(半年以上)	市国税局关于调整本市支持和促进重点群体创业就业有关税收优惠政策具体实施问题的公告.2015
就业能力培养	鼓励高校毕业生下基层锻炼→给予创业见习学员生活费和保险补贴。	市政府办公厅关于印发上海市鼓励创业带动就业三年行动计划(2015—2017年)的通知.沪府办发〔2015〕43号
就业能力培养	鼓励高校毕业生下基层锻炼→给予创业见习学院生活费和保险补贴	市政府办公厅关于印发上海市鼓励创业带动就业三年行动计划(2015—2017年)的通知.沪府办发〔2015〕43号
投融资服务	政府引资天使投资基金→建立天使投资风险补偿机制	市政府印发关于加快上海创业投资发展若干意见的通知.沪府发〔2014〕43号
政府服务	对创新创业实行绩效考核→各区县、各部门"一把手"作为第一责任人	上海市人民政府办公厅关于印发《上海市简化优化公共服务流程方便基层群众办事创业工作方案》的通知、沪府办发〔2016〕4号
场地房租补贴	创业场地房租补贴对象范围扩大到注册登记3年以内企业→扩大到尚未注册登记的创业团队	市政府办公厅关于印发《上海市鼓励创业带动就业专项行动计划(2018—2022年)》的通知.沪府办发〔2018〕24号

根据上海市创新创业政策及相关变化,本书最终将上海市创新创业政策划

为五大类。

（1）创业场地支持。为降低创业者成本，通过对老旧厂房的改造为创业人员提供办公场地，利用闲置的厂房改造成低成本办公区域，不仅做到废物利用，而且还减少创业者的开发成本。同时创业者可以根据相关条件申请创业团队孵化场地补贴[1]。

（2）创业能力提升。根据创业者的实际需求和创业需要选择适合创业者的岗位，提升创业能力。并提供相关补贴，减轻其在创业见习期间的生活负担。此外上海市政府可建立"三区联动"创业园区和"三区联动"高校培训[2]。

（3）创业融资支持。减免创业团队的贷款利率并免去办理贷款的手续费。对个人创业者也提供免手续费和免担保。这样可以在很大程度上提高贷款效率，减少创业者在融资方面的阻扰[3]。

（4）创业就业补贴。主要是对个人创业和创业组织的社会保险费进行补贴，从而减轻创业负担。社会保险的减负可以刺激个体工商和企业吸纳更多的人才[4]。

（5）政府监管。政府负责创新创业团队申请手续的审批和相关事项，保障创新创业的公平、公正。还为创业者建立创新创业信息门户网站为创业者提供信息咨询、创业交流、政策引导[5]。

表2—3　　　　　　　上海市创新创业政策评价指标选取来源

指标	创新创业政策评价指标选取及其支撑政策内容及特征	来源
场地支持	创业场地房租补贴 闲置厂房改造提供场地 "三区联动"提供创业园区	关于进一步落实鼓励创业带动就业行动计划.沪人社就发〔2015〕44号
能力提升	创业实习 组织创新竞赛 "三区联动"高校培训	市政府办公厅关于印发《上海市深化高等学校创新创业教育改革实施方案》的通知.沪府办〔2016〕2号

---

[1] 市政府办公厅关于印发上海市鼓励创业带动就业三年行动计划(2015—2017年)的通知，沪府办发〔2015〕43号.
[2] 市政府办公厅关于印发《上海市深化高等学校创新创业教育改革实施方案》的通知，沪府办〔2016〕2号.
[3] 市政府办公厅关于印发《上海市鼓励创业带动就业专项行动计划(2018—2022年)》的通知，沪府办发〔2018〕24号.
[4] 市教委等关于做好2017年上海高校毕业生就业创业工作的通知，沪教委学〔2017〕4号.
[5] 市政府办公厅关于印发《上海市简化优化公共服务流程方便基层群众办事创业工作方案》的通知，沪府办发〔2016〕4号.

续表

指标	创新创业政策评价指标选取及其支撑政策内容及特征	来源
融资支持	创业组织和个人担保贷款 政府引导基金和使用 天使投资注入资金	市政府印发《关于全面建设杨浦国家大众创业万众创新示范基地的实施意见》的通知.沪府发〔2016〕95号
就业支持	创业社会保险补贴 首次创业一次性补贴 缩短居住证转户籍	市政府办公厅关于印发《上海市鼓励创业带动就业专项行动计划（2018—2022年）》的通知.沪府办发〔2018〕24号
监督管理	政府监督管理 提供信息咨询 创新创业服务网站 政府创新创业决策	上海市人民政府办公厅关于印发《上海市简化优化公共服务流程方便基层群众办事创业工作方案》的通知.沪府办发〔2016〕4号

2.2.2 基于AHP的上海市创新创业政策评价

通过翻阅文献资料，吸收有关文献成果，结合上海市创新创业政策及相关专家的经验对评价指标进行选取和量化。选取的指标符合评价指标原则且能够科学合理评价创新创业成效。构建上海市创新创业政策评价指标体系（如图2—2），该体系由三个层次组成，分别为目标层，创新创业政策评价体系（A）；实施效应层，场地支持（B1）、能力提升（B2）、融资支持（B3）、就业支持（B4）、监督管理（B5）；以及使政策实施效应发挥作用的具体实施路径层（C）。

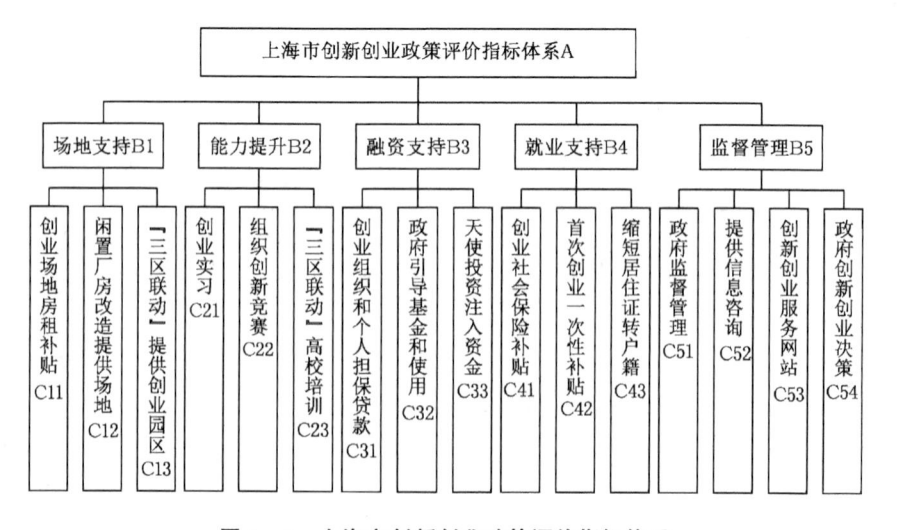

图2—2 上海市创新创业政策评价指标体系

依据所建立的上海市创新创业政策评价指标体系层次结构模型,利用德尔菲法,邀请熟悉创新创业政策的有关专家按照1—9级比例标度法对同一层次相应指标重要性进行两两比较,并对专家打分进行汇总(表2—4)[①],再综合比较以往文献中对相应指标的打分,得到判断矩阵。这样可以综合多方面专家意见,可行性更高,指标误差更小。

表2—4　　　　　　　　评分专家研究领域/文献打分

	专家	职位	研究领域
第一轮	专家1	博士生	公共管理
	专家2	产学研指导老师	工商管理
	专家3	教授	邮轮港经济与贸易

	研究者
文献打分	伍虹儒,官建成(2018)[②];薛浩,陈桂香(2016)[③];谢秀英,吕艳璇(2017)[④];李晓冬,王龙伟(2015)[⑤]

通过构造的判断矩阵计算得出每项指标的权重,突出关键政策指标,针对该政策提出具体的建议。实施效应层的权重排序依次如表2—5所示。

表2—5　　　　　　　　实施效应权重排序

实施效应 B 判断矩阵						
P0	场地支持 B11	能力提升 B12	融资支持 B13	就业支持 B14	管理监督 B15	权重
场地支持 B11	1	1/5	1/4	1/2	1/3	0.06
能力提升 B12	5	1	3	5	4	0.48
融资支持 B13	4	1/3	1	1	1/2	0.14
就业支持 B14	2	1/5	1	1	1/4	0.10
管理监督 B15	3	1/4	2	4	1	0.22

---

① 程巧梦,张广泰,王立晓.基于AHP的城市道路交通安全评价指标体系[J].交通科技与经济,2014,16(5):1—4,30.
② 伍虹儒,官建成.科研人员创新创业政策评价研究——以上海张江与天津滨海为分析对象[J].技术经济与管理研究,2018(2):42—47.
③ 薛浩,陈桂香.大学生创业扶持政策评价体系构建研究[J].国家教育行政学院学报,2016(3):14—19.
④ 谢秀英,吕艳璇.基于层次分析法的大学生创业可持续分析[J].中国高校科技,2017(S1):6—7.
⑤ 李晓冬,王龙伟.市场导向、政府导向对中国企业创新驱动的比较研究[J].管理科学,2015,28(6):1—11.

由实施效应层权重计算和一致性检验结果可知:上海市创新创业评价指标体系准则层(B)指标间权重重要性排序为:能力提升 0.48＞监督管理 0.22＞融资支持 0.14＞就业支持 0.10＞场地支持 0.06(表 2—6 至表 2—10)。一致性检验结果 $CR<0.1$ 符合要求。

表 2—6　　　　　　　　场地支持实施路径权重排序

场地支持 C1 判断矩阵				
P1	创业场地房租补贴 C11	闲置厂房改造提供场地 C12	"三区联动"提供创业园区 C13	权重
创业场地房租补贴 C11	1	1/3	1/5	0.11
闲置厂房改造提供场地 C12	3	1	1/2	0.31
"三区联动"提供创业园区 C13	5	2	1	0.58

表 2—7　　　　　　　　能力提升实施路径权重排序

能力支持 C2 判断矩阵				
P2	组织创新竞赛 C21	创业见习 C22	"三区联动"高校培训 C23	权重
组织创新竞赛 C21	1	1/2	1/3	0.17
创业见习 C22	2	1	1	0.39
三区联动高校培训 C23	3	1	1	0.44

表 2—8　　　　　　　　融资支持实施路径权重排序

融资支持 C3 判断矩阵				
P3	创业组织和个人担保贷款 C31	政府引导基金和使用 C32	天使投资注入资金 C33	权重
创业组织和个人担保贷款 C31	1	1/3	1/4	0.12
政府引导基金和使用 C32	3	1	1/2	0.32
天使投资注入资金 C33	4	2	1	0.56

表 2—9　　　　　　　　就业补贴实施路径权重排序

就业补贴 C4 判断矩阵				
P4	创业社会保险补贴 C41	首次创业一次性补贴 C42	缩短居住证转户籍 C43	权重
创业社会保险补贴 C41	1	2	3	0.54
首次创业一次性补贴 C42	1/2	1	2	0.30
缩短居住证转户籍 C43	1/3	1/2	1	0.16

表 2—10　　　　　　　　监督管理实施路径权重排序

监督管理 C5 判断矩阵					
P5	政府监督管理 C51	提供信息咨询 C52	创新创业服务网站 C53	政府创新创业决策 C54	权重
政府监督管理 C51	1	1/3	1/4	2	0.14
提供信息咨询 C52	3	1	2	3	0.44
创新创业服务网站 C53	4	1/2	1	2	0.30
政府创新创业决策 C54	1/2	1/3	1/2	1	0.12

层次单排序为所有判断矩阵中所有元素对上一层次相对重要的排序权重。一致性检验就是检验权重值是否在允许范围内。通常一致性检验指标 $CR<0.1$ 即符合标准,当 $CR=0$ 时,判断矩阵为一致阵, CR 越大,不一致程度越严重。以上判断矩阵的一致性检验都符合标准。

将所有具体实施路径对目标层的相对重要性排序并进行一致性检验(见表 2—11)。

表 2—11　　　　　　　评价指标权重总排序及一致性检验

实施效应层 B		实施路径层 C		层次总排序
评价指标	权重	评价指标	权重	
场地支持	0.06	创业场地房租补贴 C11	0.006 5	16
		闲置厂房改造提供场地 C12	0.018 3	13
		"三区联动"提供创业园区 C13	0.034 4	9

续表

实施效应层 B		实施路径层 C		层次总排序
评价指标	权重	评价指标	权重	
能力提升	0.47	组织创新竞赛 C21	0.081 5	5
		创业见习 C22	0.186 6	2
		"三区联动"高校培训 C23	0.213 6	1
融资支持	0.15	创业组织和个人担保贷款 C31	0.017 3	14
		政府引导基金和使用 C32	0.045 4	8
		天使投资注入资金 C33	0.079 3	4
就业支持	0.1	创业社会保险补贴 C41	0.052 4	7
		首次创业一次性补贴 C42	0.028 8	11
		缩短居住证转户籍 C43	0.015 9	15
政府监管	0.22	政府监督管理 C51	0.030 3	10
		提供信息咨询 C52	0.097 6	3
		创新创业服务网站 C53	0.067 0	6
		政府创新创业决策 C54	0.025 4	12

为了能够便于区别指标重要性，使用星级指数代替指标权重，星级指数越高对应指标权重越高。绘制权重指标星级直观简图，最高为五星，最低为一星（见表2—10）。

表2—12　　　　　　　权重分析指标直观简图

权重分析			
重要程度	实施效应	实施路径	星级指数
绝对重要	能力提升(0.47)	"三区联动"高校培训 C23	★★★★★
		创业见习 C22	★★★★★
	监督管理(0.22)	提供信息咨询 C52	★★★★
相对重要	融资支持(0.15)	天使投资注入资金 C33	★★★★
	场地支持(0.06)	组织创新竞赛 C21	★★★★

续表

权重分析			
重要程度	实施效应	实施路径	星级指数
一般重要	监督管理(0.22)	创新创业服务网站 C53	★★★
	就业支持(0.10)	创业社会保险补贴 C41	★★
	融资支持(0.15)	政府引导基金和使用 C32	★

根据层次总排序计算结果绘制出的权重分析指标简图可知：占据绝对重要地位的就是能力提升，且在总排序中也是能力提升中的"三区联动"高校培训影响最大。可见上海市创新创业发展成功路径应着手于通过"三区联动"中高校培训提升创新创业能力，实现创新驱动这一发展战略。而星级指标所对应的政策排序也证实了从空间和资金投入转向营造良好创新创业环境的转变。由实施效应判断矩阵计算结果可知，能力提升对上海市创新创业政策评价影响最大，其次是政府履行监督管理职能。通过上海市创新创业政策建立评价指标体系并绘制出权重指标星级排序图实证了上海在创新创业发展过程中从资金和空间投入到营造良好创新创业环境的转变。

（1）在层次分析法中结合德尔菲法和文献评分是一种创新应用，能够有效剔除误差，使结果更科学合理。计算结果显示创新创业政策中能力提升影响最大，所以创新创业政策应将关注点落实到创业者身上。而在上海市最新发布的政策中也体现出政策在不断向创新创业主体上倾斜，如鼓励高校科研人员在科技企业兼职并可保留原单位职务，将创新创业融入学生培养体系，建立创新创业学分，同时绩效考核创新创业指导老师等，都证明模型计算结果与当下上海市创新创业政策变化相符。

（2）从权重指标星级排序中可以发现良好的创业环境离不开政府的监管，为更好落实政府职责，要不断完善政府治理体系，明确目标任务和责任分工，做好与创业有关的数据调研，加强税务、统计、工商和教育之间的信息共享，整合资源，简化创业人员审批手续，推行一站式服务窗口。除此以外，还要通过政府购买、补贴、外包等方式创建便民利民的创业环境和政府运行方式。

（3）上海市创新创业政策不断修订完善。要充分发挥上海市创新创业政策效应，使政策服务群体更加精准。在以往覆盖范围上重点关注就业服务精准推送、促进毕业生基层就业、困难群体就业援助对高校毕业生、失业群体、残疾人等困难群体实行"一生一策"①。上海市为了激发创业活力,延长了高校创业毕业生修学年限,同时缩短了户籍转办年限。在时间上的缩放配合,大大刺激了年轻创业者和海外创业者的创业激情。

2.3 上海市企业创新创业现状及瓶颈

创新和创业活动是稳定经济增长、创造就业机会、提升国际竞争力的重要因素。研究创新创业对上海经济的可持续发展、稳定民生有着重要的现实意义。本节将从企业(规模以上企业、初创企业)分析上海创新创业现状,探讨发展中遇到的瓶颈,进而更好地推动上海创新创业发展,以创新创业带动就业。

2.3.1 规模以上企业创新现状及瓶颈

根据上海市统计局规模以上工业企业2016年、2017年相关年报资料,对规模以上工业企业基本经营与研发创新情况进行了比较,以期通过数据变化反映规模以上工业企业的情况。

(1)规模以上企业创新情况

根据相关年报资料,可以看到规模以上企业创新情况如下。

其一,创新活动频繁。2017年,上海市企业数量为1 342个,较2016年增加57个,年末的从业人员22.94万人,同比下降8万人,实现利润总额180.68亿元,同比上升3%。虽然年末从业人员同比下降,但总的来看,在企业创新方面仍有提升,2017年开展创新活动企业439个,成功实现创新企业420个,较2016年增加73个,创新费用合计投入112.97亿元,同比上升6%;申请专利企业126个,占企业总数的9.3%,同比提高6个百分点(见表2—13)。年末从业人数下降但成功创新的企业数量以及利润总额在不断增加的原因在于科技创新。在大众创业、万众创新及上海经济发展转型的背景下,企业未来的发展与创新息息相关。

---

① 《市教委等关于做好2017年上海高校毕业生就业创业工作的通知》,沪教委学〔2017〕4号.

表 2—13　　　　　　　企业创新创业基本情况

指标情况	2017 年	2016 年	变化情况	变化率
企业数(个)	1 342	1 285	57	0.04
年末从业人员(万人)	22.95	23.75	−0.8	−0.03
主营业务收入(亿元)	6 410.42	5 173.31	1 237.11	0.24
利润总额(亿元)	180.68	175.42	5.26	0.03
开展创新活动企业(个)	439	366	73	0.20
成功实现创新企业(个)	420	348	72	0.21
创新费用合计(亿元)	112.97	106.44	6.53	0.06
申请专利的企业(个)	126	119	7	0.06

其二，创新行业集聚。从行业大类来看，可以将其分为三个大类，分别是工业、建筑业、服务业。其中工业企业开展创新活动已经成功创新的比率为47%，遥遥领先于建筑业与服务业(见表2—14)。

表 2—14　　　　　　企业创新创业行业大类创新创业情况

行业大类	企业数(个)	开展创新活动的企业数(个)	成功实现创新的企业数(个)	开展比率	成功创新比率
工业	445	219	209	0.4	0.47
建筑业	92	23	22	0.25	0.24
服务业	805	197	189	0.24	0.23

同样以工业企业具体分类来看，主要工业企业行业为通用设备制造业、金属制品业、非金属矿物制品业、汽车制造业、电子机械和器材制造业等。创新创业最集中的行业主要分布在通用设备制造业、金属制品业、汽车制造业、专用设备制造业、电气机械和器材制造业；医药制造业(8个)、仪器仪表制药业(7个)虽然企业数较少，但创新企业比例较高，均在85%以上(见表2—15)。

表 2—15　　　　　　　工业企业创新活动行业分布

工业企业行业分类	企业数(个)	开展创新活动的企业数(个)	成功实现创新的企业数(个)
通用设备制造业	68	46	46

续表

工业企业行业分类	企业数(个)	开展创新活动的企业数(个)	成功实现创新的企业数(个)
金属制品业	66	23	21
非金属矿物制品业	41	11	11
汽车制造业	31	18	17
电气机械和器材制造业	30	15	15
专用设备制造业	26	16	15
化学原料和化学制品制造业	23	9	9
黑色金属冶炼和压延加工业	20	10	10
计算机、通信和其他电子设备制造业	14	9	9
橡胶和塑料制品业	12	5	5
有色金属冶炼和压延加工业	11	4	4
金属制品、机械和设备修理业	11	6	5
医药制造业	8	7	5
仪器仪表制造业	7	6	5

其三,创新费用集中。在行业大类中的创新费用数据部分缺失,这里主要以工业大类进行分析。从企业创新费用占主营业务收入比重来看,2017年工业企业创新费用占主营业务收入比重为4.3%,较2016年下降了0.7%。其中黑色金属冶炼和压延加工业占整体工业企业创新投入达到84.2%,比2016年提升1.1个百分点,对创新费用占主营业务收入的比重变化起主导作用(见表2—16)。

表2—16　　　　　规模以上工业企业创新费用投入　　　　　单位:亿元

行业	2017年 主营业务收入	2017年 创新费用合计	2016年 主营业务收入	2016年 创新费用合计
工业(合计)	2 647.68	112.97	2 136.44	106.44
黑色金属冶炼和压延加工业	1 693.99	95.14	1 261.86	88.43
通用设备制造业	164.24	4.57	155.57	3.88

续表

行业	2017年 主营业务收入	2017年 创新费用合计	2016年 主营业务收入	2016年 创新费用合计
专用设备制造业	92.24	2.66	75.95	1.75
化学原料和化学制品制造业	128.21	1.87	119.92	2.07
电力、热力生产和供应业	66.67	1.80	64.83	3.78
汽车制造业	110.40	1.28	84.18	1.10
金属制品业	120.16	1.13	111.23	1.80
非金属矿物制品业	53.41	1.02	47.77	0.91
计算机、通信和其他电子设备制造业	35.37	0.84	11.22	0.21
电气机械和器材制造业	38.27	0.78	43.46	0.79
医药制造业	18.43	0.69	17.38	0.60

其四，创新类型广泛。创新主要可以分为四个大类，分别是产品创新、工艺创新、管理创新和营销创新。其中进行产品创新的企业有208家，进行工艺创新的企业有225家，进行管理创新的企业数为304个，进行营销创新的企业数有225个，同时进行四种创新的企业数为94个。

根据统计公报的结果显示，工业行业侧重创新方面依次为工艺创新、产品创新、管理创新、营销创新。建筑业侧重创新方面依次为管理创新、营销创新、工艺创新、产品创新。服务业主要关注点依次为管理创新、营销创新、工艺创新、产品创新。工业行业主要有两个大类，制造业和电力、热力、燃气及水生产和供应业，需要在工艺和产品方面有所突破才能具有核心竞争力。建筑业和服务业的重点创新在于管理创新（见图2—3）。

利用不同创新方面企业数占行业大类企业数比例可以比较得出三个行业大类的创新情况。工业各创新方面的企业数比例都明显高于建筑业和服务业（见图2—4）。

其五，创新活动形式多样。企业的创新活动形式多样，主要集中在创新培训、机器设备和软件创新、内部研究和试验发展的经费支出（下称内部R&D），除此以外，还有外部研究和试验发展的经费支出（下称外部R&D）、从外部获取

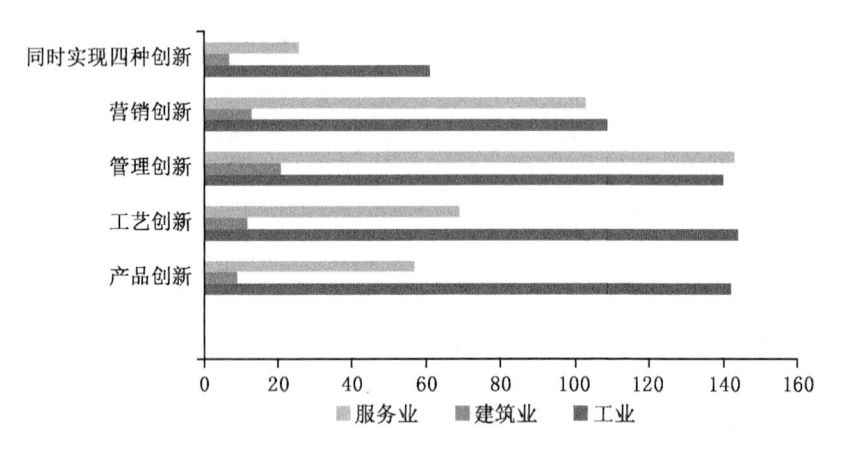

图 2—3　行业与创新侧重点

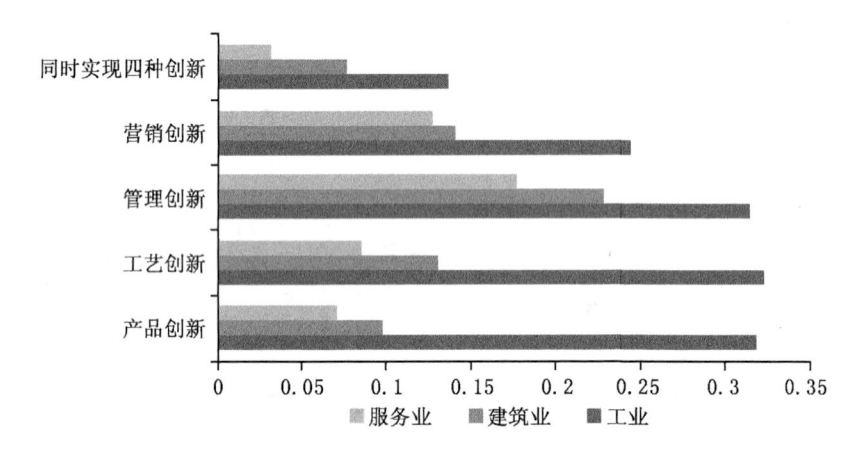

图 2—4　不同创新方面企业数占行业大类企业数的比例

相关技术、创新设计、市场推介、其他创新活动。2017 年与 2016 年相比,除外部 R&D 和有创新设计的企业数有所下降外,其他创新活动均有不同程度的增长(见图 2—5)。

其六,采用创新合作形式。进行创新合作的企业主要是工业企业,其次是服务业,最后是建筑业。与高校创新合作与研究机构创新合作是两个主流方式,各个行业之间与高校进行创新合作的倾向更强(见图 2—6)。

根据不同创新合作形式占本行业创新合作企业数的比例明显可以得出结论。由于高校数量明显是高于研究机构的,高校涉及的专业领域更加广泛,三

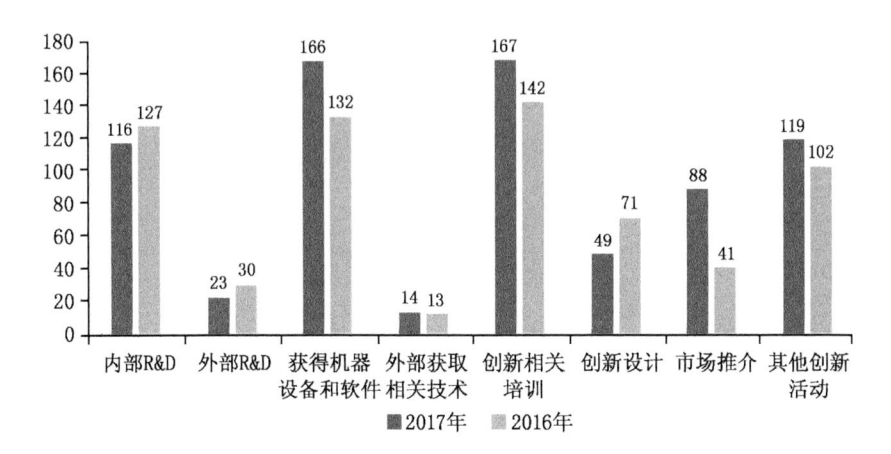

图 2—5　2016—2017 年企业创新活动形式

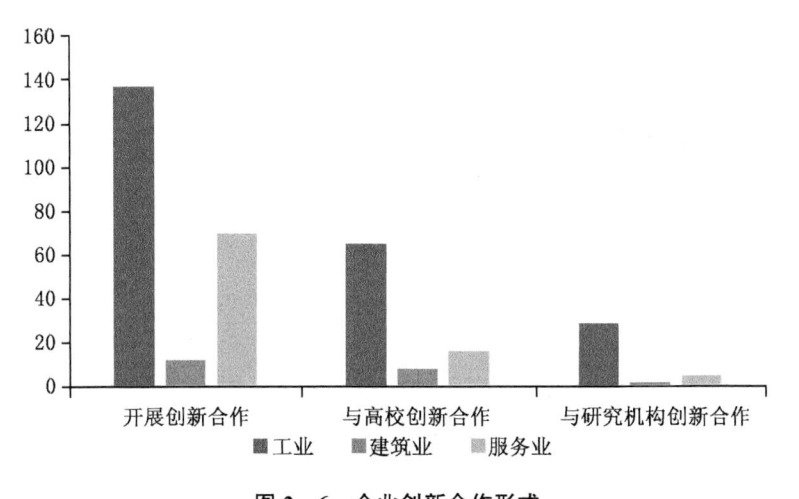

图 2—6　企业创新合作形式

个行业更加倾向于与高校进行创新合作,与研究机构合作相对较少,其中建筑业期望与高校合作最为明显(见图 2—7)。

(2)规模以上企业创新瓶颈

一是政策支持主要集中于税收方面,其他政策支持相对滞后。根据企业家对政府扶持政策进行评价的结果显示,企业研发费用加计扣除税收优惠政策(65.5%)、高新技术企业所得税减免政策(59.1%)、创造和保护知识产权的相关政策(53.6%)等政策效果较为明显。认为效果不明显的政策主要为企业

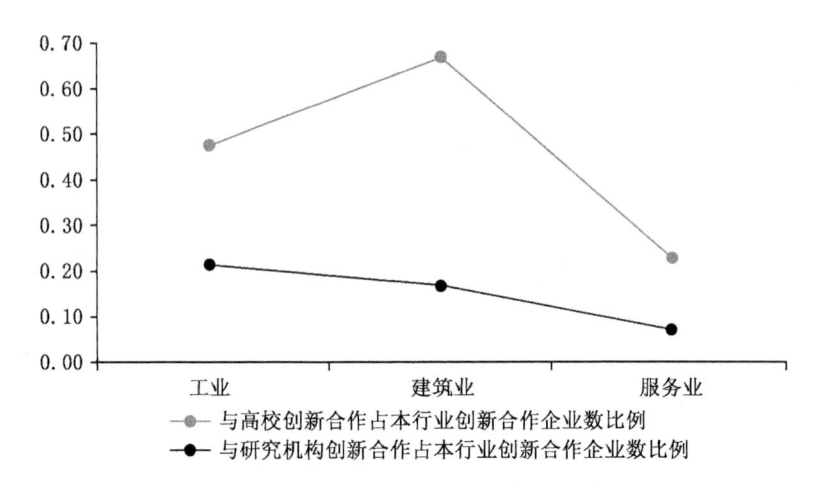

图 2—7　不同行业创新合作占本行业创新合作的比例

研发活动专用仪器设备加速折旧政策(14.6%)、鼓励企业吸引和培养人才的相关政策(12.3%)等。

二是创新战略目标不够明确。设定了创新战略目标的企业仅仅为 693 家,还有 48.3% 的企业未设定创新战略目标。其中工业企业 284 家,建筑业 41 家,服务业 368 家,分别占比 40.98%、5.9% 和 53.1%。

三是"双创"园区服务与创业企业需求存在偏离。在谈及企业认为创业企业最需要哪些方面的帮助时,与企业从所在孵化空间获得过的帮助存在一定偏离(见表 2—17)。70.2% 的受访企业表示创业企业最需要"项目申报、政策解读",与获得园区帮助情况一致;在"公司注册、财务代理"及"创业指导"方面园区提供服务超过企业需求,而在"市场开拓""投融资咨询"等方面,存在较大偏离,企业获得园区帮助较少,差值分别为 33.3% 和 22.8%。

表 2—17　"双创"园区服务与创业企业需求比较

帮助类型	创业企业需求	获得园区帮助	差值
1.公司注册、财务代理	24.6%	45.6%	21.1%
2.创业指导	40.4%	54.4%	14.0%
3.项目申报、政策解读	70.2%	70.2%	0.0%
4.人员招聘和培训	35.1%	24.6%	−10.5%

续表

帮助类型	创业企业需求	获得园区帮助	差值
5.企业制度建设	22.8%	12.3%	−10.5%
6.法律咨询	31.6%	19.3%	−12.3%
7.搭建同行业交流平台	49.1%	33.3%	−15.8%
8.投融资咨询	50.9%	28.1%	−22.8%
9.市场开拓	54.4%	21.1%	−33.3%

2.3.2 初创企业现状及创业瓶颈

初创企业指刚刚创立且没有足够资金以及资源的各类企业。初创企业往往资金短缺、人才匮乏，通常只有创始人及为数不多的核心员工、业务开拓吃力。随机抽取近几年在上海市享受创业政策的60位创业者进行了访谈，主要情况如下：

(1)初创企业现状

一是创业者以中青年为主。从年龄层次来看，受访创业者年龄在35—49岁比例最多，占57.7%，其次为25—34岁，占比为34.6%，24岁以下创业者占3.83%，50岁以上创业者占3.87%(见图2—8)。从性别来看，受访创业者男性(51.9%)比例略高于女性(48.1%)。

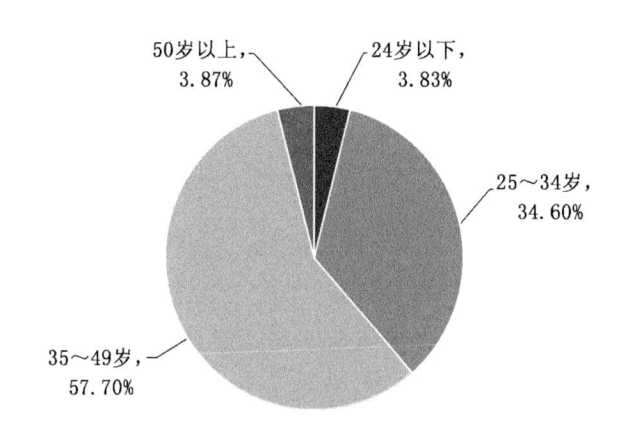

图2—8 受访创业者年龄占比

从教育程度来看，受访创业者学历以大专、高职为主，占比为40.4%，本科学历占30.8%，研究生及以上占11.5%，高中及以下占17.3%。

从创业状态来看，67.3%受访创业者属于初次创业，17.3%有二次或多次创业经历且年龄均在35岁以上，正在筹备创业者占15.4%。

从成立时间来看，处于6个月以下初期创业企业的占16.3%，6到36个月的企业占59.2%，36个月以上的企业占24.5%。

二是租金、创业服务、市场辐射为经营地选择主因。受访者选择上海郊区作为创业地最主要的三个原因为"租金较低"(38.5%)、"区域创业服务支持较好"(36.5%)、"接近客户，市场辐射能力强"(30.8%)，选择率最低的为"人才资源获得"。从创业行业与领域来看，主要为居民服务、修理和其他服务业(30.8%)，其他依次为文化、体育和娱乐业(21.2%)，信息传输、软件和信息服务业(9.6%)，批发和零售业(9.6%)，租赁和商贸服务业(7.7%)(见图2-9)。

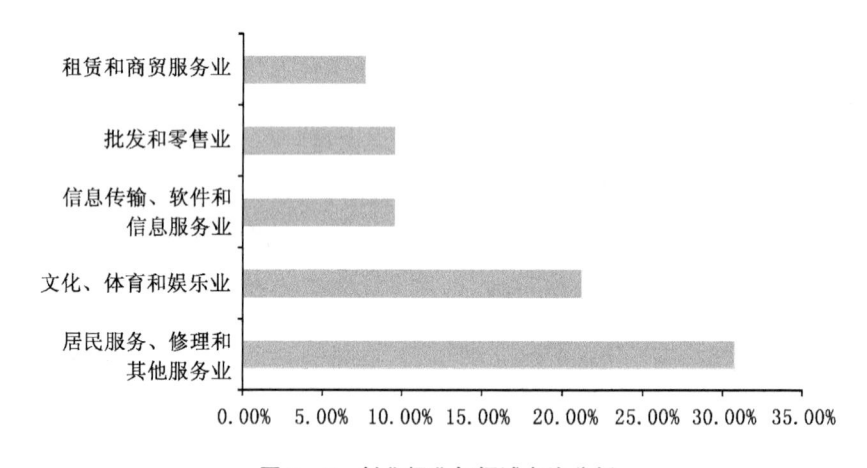

图2-9 创业行业与领域占比分析

三是提高收入和实现价值为创业主动机。调查结果显示，"提高个人收入"是受访创业者选择创业的首要原因，占55.8%；其次为"实现自我价值"和"具有可行的创业机会"，分别占48.1%和46.2%；"更自主一些"占34.6%。出于对更美好生活的向往，越来越多的人选择自主创业，试图通过自身的拼搏来提高收入、实现价值、改变命运。

优秀的项目、盈利模式、政策支持为创业者创业的重要先决条件。优秀的创业项目是创业者认为创业的最重要的条件,占59.6%,其次为良好的盈利模式(38.5%),一定的政策支持(30.8%)。

四是创新导向明显。初创企业创新导向明显,服务模式创新特色显著。大部分企业具有创新意识,其中51.0%的企业表示在服务模式上有所创新,立足客户需求,提升客户服务获得感,其他依次为经营理念(22.4%)、技术研发(16.3%)、市场推广(16.3%)、经营方式(12.2%)、销售途径(6.1%)、管理模式(4.1%)等。

五是政策支持评价。初创企业享受的政策服务中,"税费减免或政策补贴"比例最多,占65.4%;其他依次为简化政府行政审批(32.7%)、"创业培训"(23.1%)、"场地支持"(11.5%)、"信息服务"(9.6%)、"专家咨询服务"(7.7%)、"融资扶持(贷款担保、专项基金)"(5.8%)等(见图2—10)。

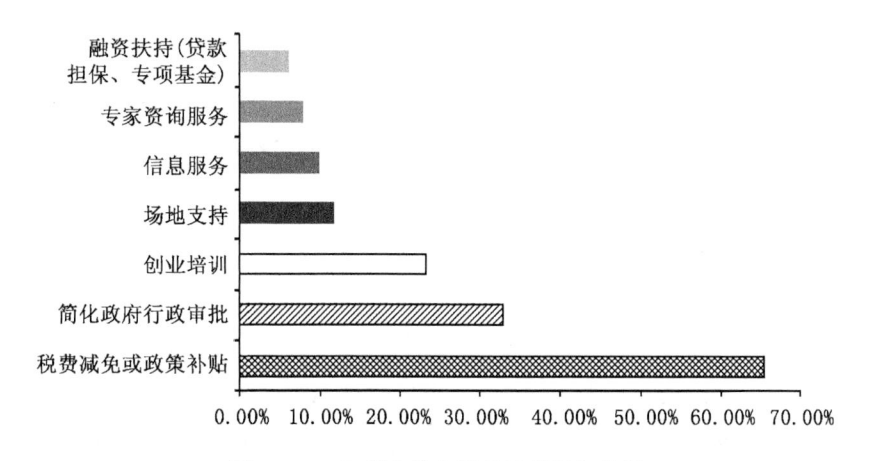

图2—10 初创企业享受的政策服务分析

近九成受访创业者对目前政策支持的评价表示"满意",9.6%的创业者表示"一般","不太满意"的创业者反映,在创业初期享受到了政策方面一定的支持,但随着时间的过渡,企业享受的政策支持逐步收紧,企业成本支出急增,缺乏一定的缓冲期,给企业创业加大了压力。

(2)创业原因与创业条件、政策支持与创业难点、创业满意度的相关性分析

这一部分主要根据调查问卷进行两个变量的相关性分析,分析两者之间的关联程度,有助于政府制定政策措施更具针对性,进而更好地推动创新创业发展。

采用相关性分析可以研究两个变量之间的关联程度,样本量为 N 时,需要采用以下计算方式。首先需要列出两个变量的交叉分类频数表。用 A_{ij} 来表示第一个变量第 i 个属性和第二个变量第 j 个属性发生的频数。其次需要求解卡方值(χ^2),计算公式为:

$$\chi^2 = N \times \left(\sum_{i=1}^{i} \sum_{j=1}^{j} \frac{A_{ij}^2}{\sum_{j=1}^{i} A_j \times \sum_{i=1}^{i} A_i} - 1 \right) \tag{2.1}$$

关联系数 r 计算公式为:

$$r = \sqrt{\frac{\chi^2}{\chi^2 + N}}$$

r 在[0.8,1.0]上为高度相关,在[0.6,0.8]上相关,在[0.4,0.6]上低相关,在[0,0.4]上不相关。

①创业原因与创业条件的相关性分析

创业原因与创业条件之间存在着关联,其卡方值为 43.88,关联度为 0.66,两者的关联程度较高,这可以说明上海市具备一些创业条件成为创业者的创业动机,上海市对创业者的吸引力较高,未来还将会有更多的人进入创业行列,目前需要提供更多的创业条件吸引创业者。

②政策支持与创业难点的相关性分析

根据计算公式,政策支持与创业难点之间的卡方值为 52.79,关联度为 0.70,两者之间的关联程度较高,故可以认为目前的政策支持与创业过程中可能会出现的创业难点是相匹配的,且匹配程度较高,需要继续落实和推进现有政策支持。

③政策支持与政策满意度分析

政策支持与政策满意度分析的卡方值为 43.56,关联度为 0.66,两者之间的关联度较高,故可以认为当前创业者对政策支持的满意度还需继续强化,不断完善和加大政策支持力度。

(3)初创企业面临的瓶颈

一是主要面临资金、市场、人才三方面的难题。调查显示,对于初创企业,面临的主要困难为"流动资金短缺""市场竞争激烈,利润微薄"以及"用工成本过高",分别占 59.6%、38.5%和 25.0%。资金问题困扰了大多数的初创企业。

企业创业资金来源方面,个人或家庭出资为主要部分,占79.6%,其次为合作伙伴出资(15.4%)、银行贷款(5.7%)、私人借款(3.8%)、政府政策性贷款(1.9%)。可以看出,创业者习惯以个人资源作为获取初始资金的主要途径,市场性投资通常在企业发展成熟后才能发挥作用,而政策补贴对于解决创业企业资金问题起到的作用微乎其微。对于初创企业,通常业务尚未正常运转,订单量较少;而办理各项业务、拓展市场、技术研发、配备物资人员等都需要资金的支持;大量的资金投入并不能立刻收回成本,获取足够的流动资金满足公司的日常运营变得尤为重要。

二是盈利性较差。企业盈利方面,51.0%的受访创业企业表示"略有盈利",主要原因为"团队成员合作较好"(76.1%),其次为管理模式先进(20.0%)、与政策相符(16.1%)、资金充裕(8.0%)。16.3%的创业企业表示"轻微亏损","严重亏损"企业占2%。企业亏损的主要原因为"资金问题"(78.1%)、"经营方式落后"(33.3%)。

2.4 高校创新创业现状

高校在人才优势、知识成果优势和信息技术优势等方面具有独特性,是科学研究的主阵地,也是科学研究与科技创新的主要力量。近年来,高校不断发挥其在科技、知识和人才的"溢出效应"[①]。这一节中主要分析高校创新以及大学生创业的现状,分析其发展瓶颈。

2.4.1 高校创新现状及瓶颈

根据上海市2010年至2017年《上海科技统计年鉴》,对高校创新成果进行分析,以相关指标的变化明确当前高校创新成果及瓶颈。

(1)高校创新现状

一是从事高校科技活动人员数量不断增加。高校科技活动人员是指直接

---

① 张利君.科技园区系统协同机制研究[D].哈尔滨:哈尔滨工程大学.2011.

从事科技活动,以及专门从事科技活动管理和为科技活动提供直接服务的人员[①],他们是创新的中坚力量。上海市近年来高校科技活动人员数量不断增加,其中,理工农医学科从 2009 年的 41 728 人增长到 2016 年的 51 457 人,年均增长率2.9%。人文社科领域从 2009 年的 17 449 人增长到 2016 年的 22 692 人,年均增长率为 2.8%。理工农医领域明显比人文社科领域从事高校科技活动人员数量多,增长率也明显更高(见表 2—18)。

表 2—18　　　　　　　　从事高校科技活动人员数量　　　　　　　　单位:人

年份	人数(理工农医)	人数(人文社科)
2009	42 563	17 449
2010	44 220	17 895
2011	44 614	17 896
2012	45 339	18 071
2013	45 705	18 381
2014	46 752	18 654
2015	49 526	22 132
2016	51 457	22 692

二是高校科技活动经费支出逐年提高。高校科技活动经费支出直接关系着科技创新的产出,近年来高校科技活动经费支出都在逐年上涨,理工农医学科的经费支出从 2009 年的 65.92 亿元增长至 2016 年的 127.51 亿元,年均增长率为 9.34%。人文社科学科的经费支出从 2009 年的 4.93 亿元增长至 2016 年的 12.04 亿元,年均增长率为 14.42%。理工农医因学科性质在经费支出方面明显高于人文社科的经费支出,但年增长率低于人文社科领域。

三是高校自主知识产权成果日渐丰硕。高校在自主知识产权方面,成果日渐丰硕。其中,理工农医学科在专利授权数上呈现井喷式增长,短短 8 年之间,年专利授权数已经翻了一番,年均增长率可达 9.2%。获奖成果方面,数理工农医与人文社科之间总体趋势上是在不断增长的(见表 2—19)。

---

① 张绍华,宋俊典,戴炳荣,等. 一种基于 SVM 的科技服务业产出预测方法[Z]. CN201510288255.7,上海计算机软件技术开发中心.

表 2—19　　　　　　　　　高校自主知识产权创新成果　　　　　　　　单位：个

年份	专利授权数（理工农医）	获奖成果数（理工农医）	获奖成果数（人文社科）
2009	3 235	276	100
2010	4 172	270	351
2011	4 664	332	90
2012	6 228	332	340
2013	5 784	345	126
2014	5 387	360	293
2015	6 116	323	179
2016	6 210	280	348

(2) 高校创新突出瓶颈

高校的科技活动经费支出不断增加，但科技创新成果转让所得呈下降的趋势。高校的科技创新成果需要通过向科技园区进行成果转让，进一步推动企业或科技园区进行成果孵化。近年来，高校的科技成果转让所得呈下降的趋势，一定程度上表明科技成果的转化并不突出，科技成果转让收入仅在 2016 年呈现井喷式增长，未来高校创新成果转化仍是创新的着力点之一（见图 2—11）。

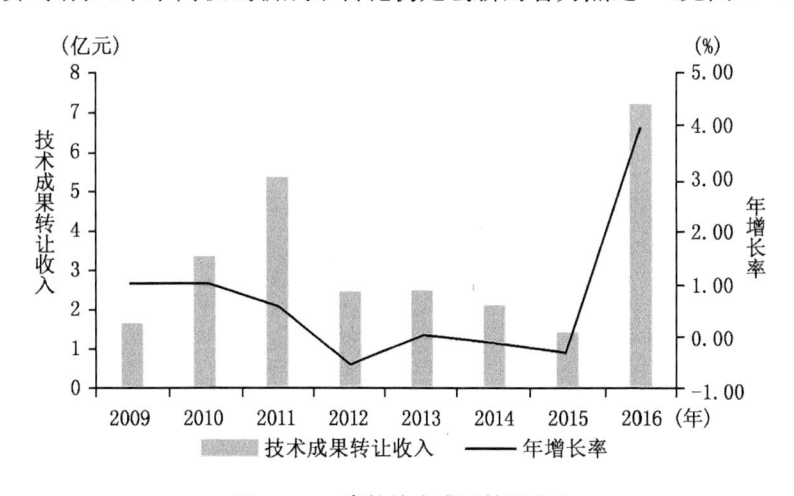

图 2—11　高校技术成果转让收入

2.4.2　高校大学生创业情况

大学生富有想象力和创造力，一直是创新创业的有生力量。大学生具有充足的知识储备、敏锐的自觉性以及旺盛的精力，但是创业更加需要的是理智的头脑。分析当前上海市高校大学生创业现状,探究高校大学生创业瓶颈,便于出台相关政策,提高大学生创业成功率。

(1)高校大学生创业现状

一是大学生创业热情较高。《2019年上海高校应届毕业生就业创业情况调查报告》[①]显示,受访毕业生的39.8%有过自主创业的想法,该比例高于2018年的30.4%,相较于2015年的28.6%的比例,提高超过10个百分点。67.5%的受访毕业生认为目前创业氛围较好,创业热情比较高涨。最主要的原因在于"政策支持"(70.0%)和"当代大学生更喜欢挑战和冒险"(61.4%)。

二是大学生创业偏重新兴领域。打算自主创业的受访者中,69.1%的创业目标方向在新兴领域,30.9%将视野投向传统领域。"新出现的科技进步或商机"(30.7%)和"掌握某种技术"(20.5%)是创业项目最主要来源。

三是创业时机选择多样化。在高校大学生创业时机的选择方面,毕业后马上创业的较少,仅7.2%打算毕业后立即创业,18.0%打算工作3年内创业,31.1%打算工作3至5年后创业,31.8%表示待时机成熟再创业(图2—12)。

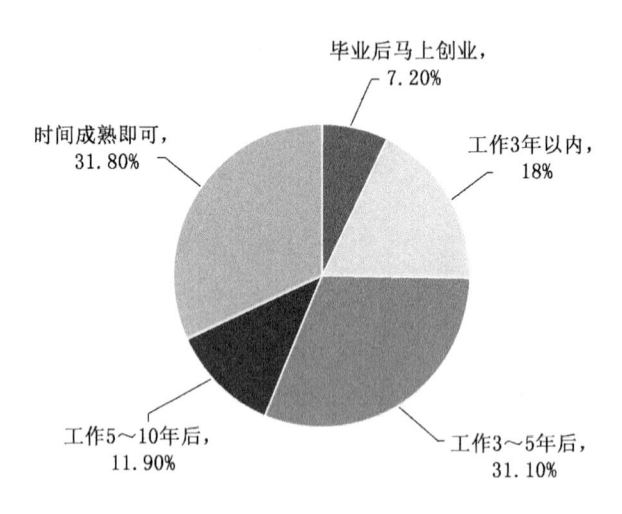

图2—12 大学生创业时机选择

(2)大学生创业瓶颈

一是高校大学生创业对口帮扶实施困难。创业需要帮扶,大学生创业具有

---

① 蔡晗昀.上海高校应届毕业生就业创业情况分析[J].统计科学与实践,2019(7):31—32.

特殊性,如何根据其特点给予特定的帮扶,具有较大的难度。2016—2018 年上海市国民经济与社会发展统计公报显示,上海市一直进行创业帮扶,其中大学生占绝大部分。2016—2018 年上海市帮扶成功创业人数分别为 11 795 人、12 628 人和 11 583 人,其中大学生成功就业人数为 7 538 人、7 440 人和 7 029 人,占政府成功帮扶引领人数的 64%、60% 和 60.7%。从政府帮扶群体来看,对大学生帮扶最多。

二是创业成功率偏低。目前我国大学生平均创业成功率只有 2%,上海由于创业环境等方面的因素优于其他省份,大学生创业成功率约为 4%,但与欧美发达国家 20% 的创业成功率相比,明显偏低。

通过对上海市创新创业现状及瓶颈的调查可以发现,上海市高校创新成果不断增加,但并没有实现创新成果转化,企业投入了占营业收入高额比例的研究经费,最终将会影响企业产出,与高校合作共享高校创新成果,将提高企业的产出与生产绩效。因此,推动高校科技创新成果转化,使科技成果转变成现实生产力,在此基础上还要形成规模效益,必须制定有力措施,创造成果转化的环境条件,加快成果转化的步伐[1][2]。"三区联动"能够有效将高校科技创新成果在科技园区形成生产力,加强企业的核心竞争力,将高校"创新"与企业"生产"有效结合起来。

---

[1] 丁剑,王华,吴亚祺.奏响科技成果转化"三部曲"[J].中国测绘,2015(6):12—15.
[2] 张金艳.经济法视域下我国技术创新的国家干预研究[D].上海:华东政法大学,2019.

第 3 章

"三区联动"创新创业带动就业的效果分析

创新是引领发展的第一动力,是推动一个国家、一个民族向前发展的重要力量。"大众创业,万众创新"的倡议自 2014 年 9 月由李克强总理提出以来,得到全国各界的积极响应。国务院、部委及地方均积极出台各种政策,通过完善创新体制机制、建设创新创业平台、优化财税政策等措施鼓励创新创业。中国特色社会主义进入新时代,站在新的历史起点上,党的十九届四中全会提出要"健全有利于更充分更高质量就业的促进机制",建立促进创业带动就业、多渠道灵活就业机制。习近平总书记在"进博会"的讲话中也多次强调创新的重要性,提出要让创新源泉充分涌流。

3.1 创新创业对长三角地区就业的影响研究

长三角地区作为我国经济最发达的地区之一,其创新创业以及就业状况值得高度关注。2019 年 5 月 13 日审议通过的《长三角洲区域一体化发展规划纲要》标志着长三角一体化上升为国家级战略部署。当前,长三角地区依靠创新深化区域间合作,实现创新要素的自由流动与资源共享,形成协同创新的区域系统环境,为长三角实现高质量一体化和经济社会可持续发展提供了重要动力与保障[1]。2019年6月,长三角一体化创新创业合作推进会召开,指出创新创业合作对于长三角一体化发展具有重要意义,"三省一市"要形成工作合力,共同推动长三角区域实现高质量发展。

而创新创业如何影响就业,其中哪些路径对创新创业的就业效应具有不可忽视的影响?本章将以长三角地区为例,通过实证研究回答上述问题。

3.1.1 研究综述

(1) 理论综述

创新对就业的影响理论,可以追溯到英国古典经济学家李嘉图,他的"机器替代理论"认为新的技术在毁灭原有工作的同时也创造了新的就业。马克思主义政治经济学认为创新使得新的机器替代了原有的劳动力,而机器的使用在应用它的部门挤出部分劳动力的同时,可能引起其他劳动部门就业的增加[2]。萨伊为代表的传统就业理论认为市场经济会自动实现充分就业,萨伊认为技术进步会导致产品成本下降,引起商品价格下降,从而提高商品的需求,可以通过增加消费、厂商增加投资来吸收被技术解雇的工人[3]。在新古典主义经济学框架中,劳动和资本之间自由竞争而且具有完全可替代性,工资的下降意味着对劳动力需求的增加,劳动节约型技术所造成的失业可通过在劳动力市场适当的价格调整得到补偿[4]。工资理论认为,创新的技术进步通过影响工资对就业产生影响。熊彼特的创新和经济周期理论认为,创新会引发周期性失业[5]。阿吉翁和霍依特在熊彼特思想的基础上发展出了内生增长理论,正是内生增长理论的提出,创新影响就业的观点才在经济理论中开始得到重视[6]。

关于创业对就业的影响,奈特(1921)在《风险、不确定性和利润》中提出的相对收入理论是创业和就业关系的理论渊源,他认为个人会在失业、自雇和受

---

[1] 杜德斌.打造区域协同创新极,推进长三角更高质量一体化[N].上观新闻,2018-11-23.
[2] 马克思.资本论.第1卷[M].北京:人民出版社,1975:484.
[3] 宁光杰.技术进步与就业的补偿机制[J].经济社会体制比较,2007(4):63-68.
[4] Neary JP. On the short-run effects of technological progress[R]. Oxford Economic Papers, 1981:224-233.
[5] 李正友,毕先萍.技术进步的就业效应:一个理论分析框架[J].经济评论,2004(2):21-24.
[6] 黄解宇,孙维峰,杨朝晖.创新的就业效应分析——基于中国上市公司微观数据的实证研究[J].中国软科学,2013(11):161-169.

雇这三种状态之间做出选择,其选择的标准就是上述三种状态的相对收入的比较[1]。在此基础上熊彼特提出"企业家效应"假说,认为优秀的企业家和以往的经济成果可以推动创业,增加自我雇佣和对他人的雇佣,从而促进就业、减少失业。

(2)实证研究状况

学者们从投资、工资、价格、产业结构、经济增长等方面研究了创新创业对就业的影响。

创新的就业效应方面,Brouwer等(1993)发现企业的创新性研发对提高就业具有显著的正面效应[2]。牛冲槐(2014)运用我国1996至2011年的数据对东部地区和中部地区技术创新对就业的影响进行考察发现,产品创新和过程创新都会促进就业[3]。常继发(2017)以2000年至2014年中国30个省份的面板数据为研究对象,采用动态面板模型分析技术创新、产业结构升级与就业量之间的关系,他发现技术创新与就业之间存在U形关系,即跨越U形曲线的拐点,技术创新的补偿效应大于挤出效应,对就业的影响将由负转正[4]。

创业的就业效应方面,Picot(1998)[5]、Pfeiffer和Reize(2000)[6]、Aghion(2004)[7]等认为创业企业进入市场,会促进市场供给竞争,带来更高产出水平并间接增加就业。Shaffer(2006)证实了在美国创业可以促进本部门的就业,而且还发现了创业所带来的就业外部效应,即创业也可以带来其他部门的就业数量增长[8]。

---

[1] 汤灿晴,董志强,李永杰. 国外创业与就业关系研究现状探析与未来展望[J]. 外国经济与管理, 2011,33(9):27—33.

[2] Erik Brouwer, Alfred Kleinknecht, Jeroen O. N. Reijnen. Employment growth and innovation at the firm level[J]. Journal of Evolutionary Economics,1993,3(2):153—159.

[3] 牛冲槐,杜弼云,牛彤. 我国不同产业聚集区域技术创新对就业的动态影响分析[J]. 工业技术经济,2014,33(11):136—143.

[4] 常继发,崔立志. 技术创新、产业结构升级对就业的影响——基于省级面板数据的分析[J]. 兰州财经大学学报,2017,33(4):41—49.

[5] Garnett Picot, Manser, Marilyn E., and Zhengxi Lin. The Role of Self—employment in Job Creation in Canada and the United States[J]. Monthly Labor Review,1999,122(4):10—25.

[6] Pfeiffer,F., and F. Reize. Business Start-ups by the Unemployed— an Econometric Analysis based on Firm Data[J]. Labour Economics,2000,7(5):629—663.

[7] Aghion,P., R. W. Blundell, R. Griffith, P. Howitt, and S. Prantl. Entry and Productivity Growth: Evidence from Micro—Level Panel Data[J]. Journal of the European Economic Association,2004,2(3):265—276.

[8] Sherrill Shaffer. Establishment Size and Local Employment Growth[J]. Small Business Economics,2006,26(5):439—454.

以上的实证研究表明创新创业对就业具有促进效应。另外,还有较多学者研究了创新创业对就业的影响路径和影响机制。

创新对就业的影响路径研究主要有:Vivarelli(1997)认为技术创新影响失业有六种补偿路径,分别是价格补偿、投资补偿、工资补偿、产业补偿、新产品补偿和收入补偿[1]。从价格的角度出发,Heffernan(1981)认为通过价格的下降抵消过程创新所导致的失业。一方面,过程创新替代了劳动力;另一方面,过程创新使得生产单位成本下降。供大于求使得产品的价格下降,价格的下降又增加了对产品新的需求,进而又产生了额外的生产以及就业[2]。黄解宇等(2013)研究发现创新可降低产品生产成本从而降低产品价格,进而增加企业产出、提高就业[3]。从投资的角度出发,Ricardo等(1951)认为通过新增投资可以新增就业,技术进步所导致的成本下降以及产品价格下降之间的差距,使创新型企业可能有额外的利润。这些利润被用于投资,从而创造了新的产品和新的就业。从产业的角度出发,王光栋等(2008)通过研究发现在发达地区,创新引起的技术进步,极大地促进了生产力的增长以及新兴产业的发展,进而刺激了技术进步创造出新就业岗位的效应,使技术进步对就业的总体影响表现为正的效应[4]。总的来说,技术进步对就业是有利的。

创业对就业的影响路径研究主要有:从工资的角度出发,Nikolaj(2008)的研究发现创业可以通过降低劳动力的工资促进就业[5]。从经济增长和产业的角度出发,邹欣(2018)研究发现创新型创业能促进产业结构升级[6];王琨等(2016)发现创业能显著地促进经济增长[7]。齐玮娜等(2014)的研究发现在经济水平较发达的地区,创业能促进经济的增长[8];而在此前李长安等(2012)发现人均

---

[1] Petit P. The economics of technology and employment: Theory and empirical evidence-Vivarelli[J]. Economic Journal,1997,66(1):97—98.
[2] Hefernan S A. Technological unemployment[D]. University of Oxford,1981.
[3] 黄解宇,孙维峰,杨朝晖.创新的就业效应分析——基于中国上市公司微观数据的实证研究[J].中国软科学,2013(11):161—169.
[4] 王光栋,叶仁荪,王雷.技术进步对就业的影响:区域差异及政策选择[J].中国软科学,2008(11):151—160.
[5] Malchow-Moller N., Schjerning B., Sorensen A. Entrepreneurship, Job Creation and Wage Growth[J]. Small Business Economics, 2011, 36(1):1—15.
[6] 邹欣.什么样的创业能够促进经济发展?——基于跨国面板数据的实证分析[J].经济评论,2018(3):3—12.
[7] 王琨,同伟.创业对经济增长的影响[J].经济与管理研究,2016,37(6):12—19.
[8] 齐玮娜,张耀辉.创业、知识溢出与区域经济增长差异——基于中国30个省市区面板数据的实证分析[J].经济与管理研究,2014(9):23—31.

GDP水平与第三产业比重均对创业人数及创业带动就业人数具有正面的积极影响[①]。

基于以上研究成果可以发现,创新和创业可能通过投资、工资、价格水平、资本经济增长和产业结构五条路径影响就业,且对就业具有促进效应。但对于创新创业经由各个路径对就业的促进效应大小还尚未得到有力的证实。因此,本书在前人研究的基础上,引入中介效应模型,并以长三角地区为例,通过实证研究的方式验证创新和创业通过以上哪些路径对就业产生影响,并分析影响的大小,以探究创新创业对长三角地区就业的直接效应和间接效应,推动长三角地区创新创业协同发展以及就业的稳定增长。

3.1.2 研究设计

(1)中介效应模型介绍

在研究自变量 X 对因变量 Y 的影响时,如果自变量 X 通过影响变量 M 而对 Y 产生影响,则称 M 为中介变量[②]。简单的中介效应模型如下:

$$Y = cX + e_1 \tag{3.1}$$

$$M = aX + e_2 \tag{3.2}$$

$$Y = c'X + bM + e_3 \tag{3.3}$$

中介效应分析的关键步骤是系数检验,常见的检验方法是"三步法":首先进行系数 c 的检验,系数 c 代表 X 对 Y 的总效应,若系数 c 显著,则可以进行中介效应分析,若不显著,则可能存在遮掩效应;其次进行系数 a 和系数 b 的检验,系数乘积 ab 代表 X 经由 M 对 Y 的中介效应(即间接效应),若 $a \neq 0$ 且 $b \neq 0$,即 $ab \neq 0$,则代表中介效应显著,可进行下一步,若 a 和 b 任意一个不显著则代表中介效应不显著;最后检验系数 c' 的显著性,系数 c' 代表在控制中介变量 M 的影响后,X 对 Y 的直接效应,若 c' 显著,则直接效应显著,存在部分中介效应,否则存在完全中介效应。各系数满足 $c = c' + ab$,即总效应等于直接效应与间接效应的和。

中介效应模型可以分析自变量对因变量影响的路径和作用机制,往往能得

[①] 李长安,谢远涛.影响创业带动就业的宏观因素分析[J].国际商务(对外经济贸易大学学报),2012(5):66−71.
[②] 温忠麟,张雷,侯杰泰.中介效应检验程序及其应用[J].心理学报,2004(5):614−620.

到更多更深入的结果①。

(2)变量说明

因变量:本研究因变量是就业 L,选取各省市年末总体从业人数作为就业的衡量指标。

自变量:本研究主要的自变量一是创新变量 RD。衡量创新的指标类型大体可分为创新的投入与创新的产出,从现有的文献来看,创新投入对就业的影响程度大于创新产出②,且创新的投入能更好地度量创新的程度,因此本书选取 R&D 经费投入作为创新的代理变量。二是创业变量 $CPEA$。创业活动指数 $CPEA$,是借鉴 GEM 提出的 TEA 指数,再结合我国实际情况提出的衡量创业活动情况的标准,是指每万劳动人口中的创业企业数量,即 $CPEA=$ 创业企业数(个)/劳动人口数(万人)。在实际研究过程中鉴于数据的可得性,通常使用 15~64 岁人口数度量劳动人口,三年内累计新创私营企业数量度量创业企业数量。

中介变量:经济增长变量 GDP,奥肯定理认为 GDP 与就业存在稳定的关系,因此本书采用各省市当年度国内生产总值衡量经济增长。投资变量 INV 采用各省市当年度全社会固定资产投资总额作为代理变量;工资变量采用各省市当年度就业人员平均工资 WAG;价格变量采用各省市当年度工业品出厂价格指数 PPI;产业结构变量 IS,选取第三产业占 GDP 的比重作为产业结构的代理变量,其原因是相比于第一、第二产业,第三产业吸纳劳动力的能力较强,能更好地反映产业结构变化对就业的影响(景建军,2016③;夏建红等,2018④)。

控制变量:由于各地区人口规模差别很大,而一个地区的人口规模在一定程度上能决定就业人数的规模,因此本研究选取人口规模 POP 作为创新创业影响就业的控制变量,数据采用各省当年末常住人口数量(见表 3—1)。

---

① 温忠麟,叶宝娟.中介效应分析:方法和模型发展[J].心理科学进展,2014,22(5):731—745.
② Lachenmaier S, Rottmann H. Effects of innovation on employment: A dynamic panel analysis [J]. International Journal of Industrial Organization, 2011, 29(2):189—220.
③ 景建军.中国产业结构与就业结构的协调性研究[J].经济问题,2016(1):60—65.
④ 夏建红,矫卫红.产业与就业结构演变路径及耦合效应分析:以山东省为例[J].经济问题,2018(10):65—71.

表3—1　　　　　　　　　　　　变量说明表

变量类别	变量名称	符号	变量说明	计量单位
因变量	就业量	L	省年末从业人数	万人
自变量	创新要素	RD	省年度总R&D经费投入	亿元
	创业要素	$CPEA$	CPEA指数＝三年内新增私营企业数/当年15～64岁人口数	—
中介变量	投资要素	INV	各省当年度固定资产投资总额	亿元
	工资要素	WAG	各省当年度社会平均工资	元
	价格要素	PPI	各省当年度工业品出厂价格指数	%
	产业结构要素	IS	各省当年度第三产业占GDP总额比值	%
	经济规模要素	GDP	各省当年度GDP总额	亿元
控制变量	人口规模	POP	各省年末常住人口数	万人

资料来源:《中国统计年鉴》(2003—2017)和中国各省统计年鉴(2003—2017).

(3)中介效应模型建立

根据本书研究对象的特征,建立中介效应模型如下:

$$Y_{it}=cI_{it}+X_{it}+Z_{it}+e_{it} \tag{3.4}$$

$$M_{it}=aI_{it}+V_{it}+\mu_{it} \tag{3.5}$$

$$Y_{it}=c'I_{it}+bM_{it}+X_{it}+U_{it}+\varepsilon_{it} \tag{3.6}$$

以上各式中,I_{it}是自变量,选取创新和创业变量,M_{it}是各个中介变量,Y_{it}是因变量,选取总体就业量,X_{it}是其他控制变量,Z_{it}、V_{it}、U_{it}是个体效应,i表示第i个省市,t表示第t个时期,e_{it}、μ_{it}、ε_{it}是随机干扰项,模型结构如图3—1所示。

根据中介效应理论,公式(3.4)中系数c代表创新创业变量I_{it}对就业量Y_{it}的总效应,公式(3.6)中的系数c'代表在控制中介变量M_{it}的影响后,创新创业变量I_{it}对就业量Y_{it}的直接效应,公式(3.5)中系数a和公式(3.6)中的系数b的乘积ab代表创新创业变量I_{it}经由中介变量M_{it}对就业量Y_{it}的间接效应。

(4)数据处理

笔者通过历年《中国统计年鉴》、国家统计数据库及各省市统计数据库选取上海市、江苏省、浙江省、安徽省2003—2017年共15年的数据。平均工资

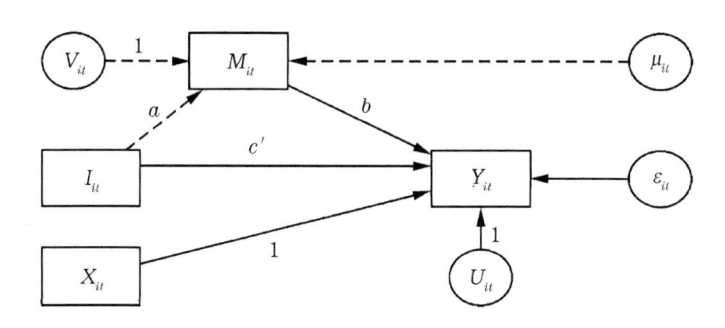

注：虚线箭头表示方程(3.5)，实线箭头表示方程(3.6)。

图 3—1　本书建立的中介效应模型

WAG 根据居民消费价格指数转化为以 2002 年为基期的价格，固定资产投资 INV 根据固定资产投资价格指数转化为 2002 年为基期的价格，变量 GDP 采用国内生产总值平减指数转化为 2002 年的价格，工业品出厂价格指数 PPI 转化为 2002 年为基期的定基价格指数。

在回归时对所有数据均取自然对数标准化处理。对数据进行 Hausman 检验，结果拒绝原假设，因此本研究采用固定效应模型估计创新创业对就业的影响。

3.1.3　实证研究结果分析

(1)描述性分析

描述性分析的结果如表 3—2 所示。

表 3—2　　　　　　　　描述性统计结果

变量	统计量	上海	江苏	浙江	安徽	总体
L(万人)	均值	1 089.23	4 694.39	3 492.09	4 021.93	3 324.41
	标准差	203.04	90.3	300.48	292.23	1389.82
RD(亿元)	均值	564.12	1 010.61	571.18	224.19	592.52
	标准差	340.64	703.64	386.45	179.47	517.06
CPEA	均值	156.04	68.1	64.3	31.67	80.03
	标准差	78.49	38.28	43.42	30.68	68.14

续表

变量	统计量	上海	江苏	浙江	安徽	总体
INV(亿元)	均值	4963.62	25651.55	15444.58	12723.61	14695.84
	标准差	1343.67	16560.76	9279.48	9571.79	12783.07
WAG(元)	均值	69122.8	42815.53	43989	35197.53	47781.22
	标准差	35285.48	20457.92	20280.48	17929.99	27103.7
PPI(%)	均值	105.59	118.59	115.61	128.88	117.17
	标准差	3.34	7.81	7.01	12.52	11.67
IS(%)	均值	58.81	41.58	44.31	37.59	45.57
	标准差	6.62	5.46	4.35	3.33	9.48
GDP(亿元)	均值	13608.03	34018.36	22606.73	10694.65	20231.94
	标准差	4433.03	14732.61	8529.37	4943.3	12777.46
POP(万人)	均值	2199.6	7807.4	5311.13	6108.4	5356.63
	标准差	238.97	181.84	259.46	89.88	2060.21

对就业量来说,江苏省的就业量波动较小,其他三个省市的波动都相对较大,就业量的总体标准差非常大。如图3-2所示,在R&D经费投入方面,江苏省的研发投入量均值超过1000亿元,明显高于其他省市,安徽省的研发投入量相对偏低,上海市作为直辖市与浙江省的研发投入量接近,实际上也具有较高的创新投入。创业活动指数方面,四个省市的CPEA指数均值均大于30,均属于创业高活跃地区,其中上海市的创业活动指数较其他三个省高出许多。

固定资产投资方面,上海市明显低于其他三个省,各省市的投资额范围波动都较大。平均工资方面,上海市的社会平均工资接近7万元,高于其他三个省较多,安徽省的社会平均工资偏低。价格指数方面,各省市的价格指数波动都不大,其中上海市的价格指数相对较稳定。产业结构方面,上海市的第三产业比重较高,安徽省的第三产业比重较低。经济增长方面,江苏省的波动相对较大,且经济增长量最大,安徽省明显偏低,说明安徽省的经济状况在长三角四个省市里偏低。最后是人口规模方面,人口量均值最高的是江苏省,上海市的人口规模相对偏小。

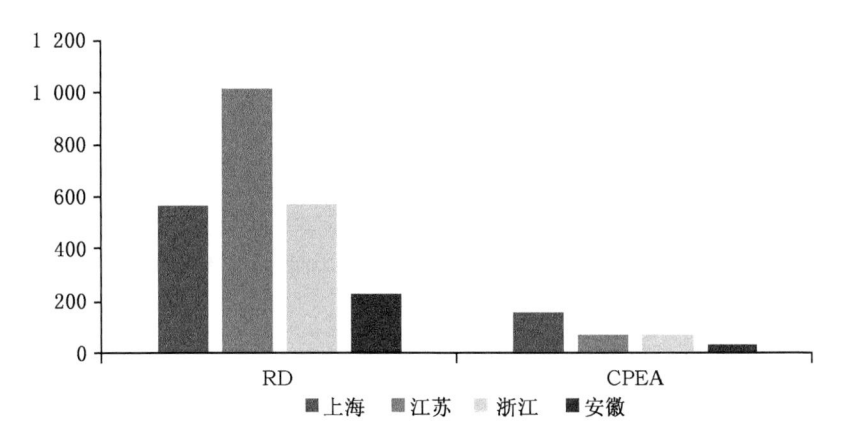

图 3—2 各省市创新创业指标均值

(2)相关分析

相关系数矩阵如表 3—3 所示。

表 3—3　　　　　　　　　　相关系数矩阵

	L	RD	CPEA	INV	WAG	PPI	IS	GDP	POP
L	1								
RD	0.221*	1							
CPEA	−0.530**	0.499**	1						
INV	0.594**	0.837**	0.11	1					
WAG	−0.312**	0.669**	0.804**	0.331**	1				
PPI	0.633**	0.061	−0.430**	0.444**	−0.11	1			
IS	−0.745**	0.420**	0.843**	−0.064	0.789**	−0.595**	1		
GDP	0.471**	0.931**	0.233*	0.904**	0.416**	0.213	0.126	1	
POP	0.981**	0.264*	−0.517**	0.589**	−0.336**	0.535**	−0.705**	0.510**	1

注：* 在 0.05 级别(单尾)，相关性显著。

** 在 0.01 级别(单尾)，相关性显著。

从表 3—3 中可以看出各个变量的相关关系。创新变量与就业量在 5% 的显著水平上呈正相关，说明增加创新的投入可以促进就业；创业活动指数与就业量在 1% 的显著水平上呈负相关，表明创业可能降低就业水平；投资与就业在 1% 的显著水平上呈正相关，说明随着固定资产投资额的增加，就业水平也会提升;平均工资水平与就业量也在1%的显著水平上呈负相关,即提高工资可能使得总体就业量降低,符合前文的理论分析情况。价格水平与就业量在1%的显著水平上呈正相关,即随着价格水平的提高就业量可能会增加;第三产业比重与就业量在1%的显著水平上呈负相关,表明第三产业占GDP的比重越多,就业量可能越低;GDP与就业量在1%的显著水平上呈正相关,说明经济增长可以促进就业;人口规模与就业量也在1%的显著水平上呈正相关,即人口规模越大,就业人数也可能越多。

另外,创新与固定资产投资、平均工资、产业结构、GDP在1%的水平上成正相关,说明创新能促进投资、平均工资、第三产业占比和GDP的增长;创业与平均工资、产业结构在1%的显著水平上呈正相关,与GDP在5%的水平上呈正相关,与价格水平在1%的水平上呈负相关,说明创业能提高平均工资和第三产业占比,以及促进经济增长,并降低价格水平。

(3) 创新创业对就业的总效应

对各变量的原始数据取自然对数处理后进行回归,方程(3.4)的估计结果见表3—4。

表3—4　　　　　　　　　参数估计结果

	系数	lnRD	lnCPEA
lnL	c	0.045 8	0.054 9
	T 值	4.898 4	5.243 6
	P 值	0	0
	R^2	0.994 4	0.995 3

如表3—4所示,创新变量lnRD、创业变量lnCPEA的系数c均在1%的水平上显著为正,R^2均大于0.9,模型拟合度非常良好,可以采用中介效应模型进行后续的分析。以上结果说明对于研发的投入能促进就业的增长,地区的创业活动也能带动就业量的提高。

(4) 创新创业对就业的中介效应

根据方程(3.5)、(3.6)我们估计出创新创业对就业的中介效应,如表3—5所示。各模型的拟合情况均良好。

系数 a 在所有情况下均显著不为零,且 t 值均大于零。可以得出,创新对投资、工资水平、价格水平、产业结构、经济增长均存在显著的促进效应,其中创新对经济增长、工资水平、投资的影响相对更大,且影响程度依次降低;创业对投资、工资水平、价格水平、产业结构、经济增长也存在显著的促进效应,其中创业对工资水平、投资、经济增长的影响相对更大,影响程度依次降低。

系数 c' 在大多数情况下显著不为零,因此创新创业变量对就业存在显著的直接效应,并能通过中介变量影响就业。

创新经由投资、工资水平、价格水平、产业结构、经济增长对就业的中介效应均显著,其中创新经由工资水平、价格水平对就业的直接效应不显著,因此只存在间接效应,属于完全中介效应。创新经由经济增长、工资水平、价格水平路径对就业具有显著的促进效应,且影响程度依次下降,创新经由投资、产业结构对就业具有显著的抑制效应。总体来说,创新对就业的促进效应大于抑制效应,即创新对就业总体上有促进作用。

创业经由价格水平、产业结构路径对就业的中介效应显著,经由其他路径的中介效应不显著。创业经由价格水平对就业具有显著的促进作用,创业经由产业结构对就业具有显著的抑制作用,创业经由投资、工资水平、经济增长对就业的效应不显著。总体来说创业对就业的促进作用略大于抑制作用。

表 3—5　　　　　　　　　　　中介效应检验结果

变量	系数	lnINV	lnWAG	lnPPI	lnIS	lnGDP
lnRD	a	0.860 4	0.435 1	0.080 7	0.033 6	0.531 0
	T 值	31.012 9	31.226 6	9.125 4	2.312 9	61.352 6
	p 值	0.000 0	0.000 0	0.000 0	0.024 6	0.000 0
	R^2	0.972 6	0.980 7	0.875 5	0.875 6	0.995 7
	c'	0.129 9	−0.061 5	0.020 1	0.054 9	−0.150 1
	T 值	3.317 1	−1.604 8	1.404 2	6.119 7	−2.015 5
	p 值	0.001 6	0.114 5	0.166 1	0.000 0	0.048 9
	b	−0.097 7	0.246 4	0.317 4	−0.271 0	0.392 4
	T 值	−2.207 4	2.876 5	2.294 4	−3.382 4	2.649 0
	p 值	0.031 6	0.005 8	0.025 8	0.001 4	0.010 6
	R^2	0.994 9	0.995 1	0.994 9	0.995 4	0.995 0
	直接效应 c'	0.129 9***	−0.061 5	0.020 1	0.054 9***	−0.150 1**
	中介效应 ab	−0.084 1**	0.107 2***	0.025 6**	−0.009 1**	0.208 4**

续表

变量	系数	lnINV	lnWAG	lnPPI	lnIS	lnGDP
lnCPEa	a	0.813 2	0.448 4	0.061 0	0.047 3	0.509 5
	T 值	8.110 6	10.092 1	3.956 1	2.664 0	8.806 0
	p 值	0.000 0	0.000 0	0.000 2	0.010 2	0.000 0
	R^2	0.789 3	0.872 6	0.754 5	0.879 1	0.874 2
	c'	0.065 4	0.045 3	0.048 5	0.081 5	0.050 3
	T 值	4.090 0	2.535 1	4.387 5	8.494 6	2.913 0
	p 值	0.000 1	0.014 2	0.000 1	0.000 0	0.005 2
	b	0.001 0	0.046 5	0.290 0	−0.323 9	0.032 4
	T 值	0.070 4	1.443 3	3.373 2	−4.686 5	1.169 5
	p 值	0.944 1	0.154 8	0.001 4	0.000 0	0.247 4
	R^2	0.995 3	0.995 5	0.996 1	0.996 7	0.995 3
	直接效应 c'	0.065 4***	0.045 3**	0.048 5***	0.081 5***	0.050 3***
	中介效应 ab	0.000 8	0.020 9	0.017 7***	−0.015 3**	0.016 5

注：*、**、*** 分别表示在 0.1、0.5、0.01 水平上显著。

3.1.4 结论与建议

本部分以长江三角四个省市 2003—2017 年的数据为样本，通过建立中介效应模型，考察了创新和创业对就业的影响机制，本研究主要发现以下结论：

创新和创业对就业存在显著的促进作用。创新变量、创业变量对就业的总效应显著为正，说明虽然创新和创业对就业同时存在抑制的效应和促进的效应，但总体而言，促进效应大于抑制效应。

第一，创新可以通过工资、价格水平、经济增长等路径促进就业，通过固定资产投资和调整第三产业占比等路径可能抑制就业。创新带来的技术进步可以提高企业的生产效率，从而通过工资补偿促进就业；新技术的引进能降低产品的生产成本，从而通过更低的价格获取更大的市场占有率，促进企业提高雇佣；此外创新能促进地区的经济增长速度，从而提高就业水平。对创新研发的投入可能会导致固定资产投资的提高，而资本的投入会替代劳动力的投入，传统凯恩斯主义关于通过扩大投资解决失业的理论在这个情形下显然是站不住脚的；创新带来的产业升级能提高第三产业占比，而第三产业虽然吸纳劳动力的能力很强，但随着第三产业的增加，可能挤出其他产业部门的劳动雇佣，从而导致总体就业量的下降。

第二，创业通过价格水平路径对就业有显著的促进作用，通过第三产业占比路径对就业存在抑制作用，并且投资、工资、经济增长路径不会对就业产生显著的抑制作用。创业能促进市场的竞争，市场的竞争会逼迫企业不得不寻求更高的绩效和更低的生产成本，从而增加就业岗位。我国目前创业企业以第三产业为主导，这会导致第三产业占比的提高，其抑制就业的机制如前文所述。总体来说创业对就业的促进作用大于抑制作用。

就业是民生之本，随着我国经济进入"新常态"、高校应届毕业生逐年增高，稳定就业、扩大就业的工作值得重视。在"大众创业、万众创新"的背景下，为使创新创业能更好地带动就业，基于以上结论，本书提出如下建议：

(1)协同创造更为良好的创新创业环境。以长三角地区为例，长三角四个省市中，安徽省的创新创业水平有待提高，江苏省的创新水平较高、上海市的创业水平较高，可以通过搭建区域联合创新创业平台、实施区域协同的创新创业鼓励政策，带动安徽的创新创业发展。搭建和完善创新创业平台，促进长三角地区的企业、高校、科研机构的研发合作，疏通四个省市的科研成果流通的渠道，以创业实现创新成果的商业化。

(2)在鼓励创新创业的同时，将创新创业的目标确定为促进地方经济水平、工资水平的提高，并保持价格水平的适度增长，同时控制固定资产投资和第三产业的增长，从而促进就业水平的提高。此外应引导长三角地区的企业、高校、科研机构加强技术引进和合作，鼓励长三角地区企业引进应用新技术。

3.2 创业对就业岗位的创造效应

"大众创业、万众创新"是全面深入推进深化改革、推动经济转型发展的重要动力和活力。自《国务院关于大力推进大众创业万众创新若干政策措施的意见》发布以来，近年来工商登记制度的积极改革、行政审批事宜的取消和下放、金融财税流通的政策安排、创业准入门槛的不断降低、创业环境的持续改善彰显了政府对创新创业的高度重视，也表明了对创业带动就业的希冀。

一种观点认为创业具有岗位生产效应，创业企业进入市场后可以直接提供工作岗位,自然可以带动就业,创业的增加必然会导致人口就业机会的增加。这种观点忽视了企业之间的互动和影响。另一种观点则认为,新创企业会表现出更明显的岗位挤出效应,因为新晋企业一般意味着更高级的生产技术和生产效率,这些市场的新进入者会替代原有企业,导致原有企业市场份额降低或者退出市场,进而导致工作岗位存量的减少,特别是随着高新技术的发展,人工智能对劳动者就业的挤占作用也引起了一些社会学家的忧虑。过去,人们对创业与就业的影响关系众说纷纭,有学者认为创业与就业间并不存在直接关系,也有的学者认为创业企业对就业的影响分布在一个很长的时期内,新建企业对就业的中长期影响可能比建立初期更为重要。

那么,创业对就业会表现出更明显的创造效应还是驱逐效应?创业对就业是表现出短期影响还是长期影响?这些问题有待探讨。本书以上海市为研究对象,在平稳性检验、协整检验的基础上,运用Almon多项分布滞后模型,探求创业对就业的影响结构。

3.2.1 数学模型和方法基础

(1)平稳性检验

在建立计量经济学模型时,无论是单方程还是联立方程,我们通常假设数据是平稳的。但是,许多时间序列数据经常是非平稳的。一些经济变量有时候会表现出一致的上升或下降,这种情况通常会导致模型出现虚假的"伪回归",从而使分析得到的结论是无效的。因此,若想得到有效的结论,就必须对所用的时间序列数据进行平稳性检验。本书使用ADF方法检验时间序列数据的平稳性。

$$\Delta X_t = \delta X_{t-1} + \sum_{i=1}^{m}\beta_i \Delta X_{t-i} + \varepsilon_t \tag{3.7}$$

$$\Delta X_t = \alpha + \delta X_{t-1} + \sum_{i=1}^{m}\beta_i \Delta X_{t-i} + \varepsilon_t \tag{3.8}$$

$$\Delta X_t = \alpha + \beta t + \delta X_{t-1} + \sum_{i=1}^{m}\beta_i \Delta X_{t-i} + \varepsilon_t \tag{3.9}$$

模型(3.7)与模型(3.8)的区别在于是否含有常数项,模型(3.9)与模型(3.8)相比添加了趋势项。检验的顺序是从模型(3.9)开始,逐次是模型(3.8)、模型(3.7)。这三个假设无论是哪一个模型假设拒绝零假设,都可以认定被检验的时间序列是平稳的。反之,当三个模型的检验结果都不能拒绝零假设时,那么被检验的时间序列被认为是不平稳的。

(2)协整检验

没有协整关系的单整变量的回归仍然会存在虚假回归的现象,因此需要进行协整检验。现实中的许多经济变量都不是平稳的,它们是一阶或高阶单整时间序列,虽然如此,它们的线性组合却可能是平稳的。

采用 Johansen 的 MLE 方法进行协整检验,使用迹统计量和最大特征值统计量来确定变量间的协整关系和协整秩的个数。

(3)Almon 多项分布滞后模型

采用阿尔蒙多项式分布滞后模型可以减少待估参数,有效消除一般分布滞后模型带来的多重共线问题。因此,考虑时间滞后效应的创业对就业的影响研究的 Almon 多项分布滞后模型为:

$$\Delta Employ_t = \alpha + \sum_{j=0}^{p} b_j Entre_{t-j} + bX_t + \varepsilon_t$$
$$b_j = \gamma_1 + \gamma_0(i-c) + \gamma_1(i-c)^2 + \cdots \gamma_1(i-c)^p$$

其中 $\Delta Employ_t$ 表示就业情况,$entre_{t-j}$ 代表创业情况,X_t 代表控制变量,a 是常数项,b 为回归系数,ε_t 代表回归误差项,j 是滞后期数,p 是多项式阶数。c 是事先给定的常数,只是用来避免多重共线性可能引起的数值问题,不会影响到系数的估计。

3.2.2 指标选取

因变量——就业情况。本书选取城镇登记失业率作为就业情况的反向指标。城镇登记失业率越高,则就业情况越好,反之则越差。

自变量——创业情况。本书用新增的私营企业数与个体户数之和与人口的比例作为创业情况的代理指标,本书称之为创业指数。

控制变量。固定资产投资与工资水平是影响就业情况的重要因素。固定资产投资的代理指标是固定资产投资变动率,其计算方式是:用本年度与上年度固定资产投资额的差值除以上年度固定资产投资额。用职工工资变动率作为工资水平的代理指标,职工工资变动率是有本年度职工工资与上年度职工工资的差值与上年度职工工资的比值得到。为保证各年度数据的可比性,各年度固定资产投资额与职工平均工资均分别通过固定资产价格指数与消费价格指数进行转换。

3.2.3 数据来源

本书样本时期为1989—2017年,样本数据来源于《中国统计年鉴》《中国劳动统计年鉴》《中国人口和就业统计年鉴》《中国工会统计年鉴》《上海统计年鉴》。

3.2.4 创业与就业关系的实证分析

(1) 平稳性检验

本书采用的ADF进行的平稳性检验结果如表3—6所示。

表3—6　　　　　　　　　　平稳性检验结果

变量	ADF统计量	1%临界值	5%临界值	结论
失业率	−1.291	−4.380	−3.600	不平稳
失业率差值	−3.671	−2.657	−1.950	平稳
创业指数	−1.642	−4.380	−3.600	不平稳
创业指数差值	−6.429	−2.658	−1.950	平稳
固定资产投资变动率	−3.136	−4.380	−3.600	不平稳
固定资产投资变动率差值	−3.209	−2.658	−1.950	平稳
工资变动率	−1.488	−4.380	−3.600	不平稳
工资变动率差值	−5.014	−2.658	−1.950	平稳

说明以上变量都是一阶单整序列,满足协整分析条件,可进一步协整检验个变量间是否存在长期均衡关系。

(2) 协整检验

由于原序列为非平稳序列,需要用协整检验以验证各变量的线性组合是否存在稳定均衡关系。协整分析是处理非平稳时间序列的有效工具,目前已成为检验变量间是否存在"伪回归"问题的重要分析方法,运用Johansen协整检验,对其进行协整分析,综合比较LR统计量(5%的置信区间)、FPE最终预测误差,AIC 信息准则、SC 信息准则与 HANNAN－quinnn 准备,确定协整检验最优滞后阶数为 1。检验结果见表 3－7 及表 3－8。

表 3－7 协整秩迹检验

rank	parms	LL	eigenvalue	statistic	value
0	24	−46.801 356	—	58.699 2	54.64
1	31	−31.238 333	0.697 95	27.573 1	34.55
2	36	−22.431 792	0.492 08	9.96	18.17
3	39	−18.059 123	0.285 63	1.214 7	3.74
4	40	−17.451 77	0.045 64	—	—

表 3－8 最大特征值检验

rank	parms	LL	eigenvalue	statistic	value
0	24	−46.801 356	—	31.126	30.33
1	31	−31.238 333	0.697 95	17.613 1	23.78
2	36	−22.431 792	0.492 08	8.745 3	16.87
3	39	−18.059 123	0.285 63	1.214 7	3.74
4	40	−17.451 77	0.045 64	—	—

包含常数项与时间趋势的协整秩迹检验结果表明,只有一个线性无关的协整向量。而最大特征值检验也表明,可以在 5% 的水平上拒绝"协整秩为 0"的原假设,但无法拒绝"协整秩为 1"的原假设。

Johansen 协整检验迹统计量和最大特征根值统计量检验结果均表明创业指数、固定资产投资变动率与、工资变动率与失业率之间存在 1 个协整关系,具体协整方程为:

失业率＝−0.14 创业指数＋72.13×固定资产投资变动率−247.55×工资变动率＋20.76

通过对时间序列数据分析,可以看出,创业在一定程度上影响着就业变化,创业指数每增加 1%,失业率减少 0.14%。

3.2.5 实证结果

(1) Almon 多项分布模型滞后期长度、多项式阶数的确定

滞后期 k 可根据经济理论或实际经验加以确定,也可以通过统计检验获取信息。本研究结合常用的 2 种方法确定合适的滞后期:①利用 Adjust R^2 值确定滞后项数,即在模型中添加滞后项,直到调整后的 R^2 不再增加;②利用施瓦茨信息准则(SC,即基于信息的不确定性来设定模型的一种标准)、赤池信息准则(AIC,即判断模型拟合程度高低的一种标准)来确定滞后期数和多项式阶数。其中,Adjust R^2 越高,SC 和 AIC 值越小,则模型设定越好。

多项式阶数方面,通常,Almon 多项分布滞后模型的阶数 m 取值较小,一般为二阶或三阶,几乎不超过四阶。这是因为阶数 m 取值过大无法达到减少变量个数的目的。利用 Almon 多项式变换,新推导出的模型包含的变量个数会小鱼原分布滞后模型中包含的,从而保证了模型的自由度,可以一定程度上缓解变量之间的多重共线性。

为保证模型设定对比的全面性,本书遍历了 $p=5-12$、$q=2-5$ 的所有情况。将 AIC、SC、Adjust R^2 的情况报告见表 3-9 至表 3-11。本模型最佳滞后期数为 11、多项式阶数为 4。

表 3-9　　　　　　　　模型遍历结果(多项式阶数=3)

滞后阶数	AIC	SC	Adjust R^2
5	43.647 7	50.194	0.139 5
6	39.683 6	45.950 8	0.098 1
7	27.440 4	33.414 8	0.364 2
8	23.415 2	29.081 8	0.319 2
9	13.309 8	18.652	0.488 6
10	106 774	15.676 6	0.505 2
11	8.925 2	13.560 8	0.565 4
12	10.281 9	14.530 2	0.463 8

表 3—10　　　　　　　模型遍历结果(多项式阶数＝4)

滞后阶数	AIC	SC	Adjust R^2
5	43.647 7	50.194	0.139 5
6	39.683 6	45.950 8	0.098 1
7	27.440 4	33.414 8	0.364 2
8	23.415 2	29.081 8	0.319 2
9	13.309 8	18.652	0.488 6
10	106 774	15.676 6	0.505 2
11	8.925 2	13.560 8	0.565 4
12	10.281 9	14.530 2	0.463 8

表 3—11　　　　　　　模型遍历结果(多项式阶数＝5)

滞后阶数	AIC	SC	Adjust R^2
5	/	/	/
6	42.019	50.375 1	0.028
7	28.306 3	36.272 2	0.357 6
8	25.467 1	33.022 6	0.262 6
9	16.124 1	23.247	0.414 8
10	10.592 3	17.258	0.513 6
11	－6.511 5	－0.330 8	0.834 2
12	8.472 2	14.136 6	0.365 4

(2)Almon 多项分布滞后模型回归结果

表 3—12 给出了 Almon 多项分布滞后模型的回归结果,同时给出了普通最小二乘估计所得的结果。从普通最小二乘估计结果来看,创业对就业的影响系数均是不显著的,这可能是由于多重共线性问题所导致的。从拟合系数 Adjust R^2 和 F 检验的 P 值看,Almon 四阶滞后模型的估计结果明显大大优于普通最小二乘法的估计结果。

从 Almon 四阶滞后模型的回归结果看,创业初期会对就业产生积极影响,这个积极影响在创业后第 4、第 5 年不显著,而在第 6 年起继续显著,并在第 9

年带来就业积极影响作用的高峰,自第 9 年后,创业的积极影响逐渐开始消退,到第 11 年则表现出了对就业的负面影响——就业驱逐效应。

表 3—12　　　　　　　　　创业对就业影响的回归结果

变量	最小二乘法	Almon 多项回归
Entret	−0.000 614 9	−0.005 611 2
Entret+1	−0.006 661 2	−0.007 876 4
Entret+2	0.004 23	−0.005 753 5
Entret+3	−0.005 492 3	−0.002 563 6
Entret+4	−0.008 541 8	−0.000 574 5
Entret+5	0.011 180 8	−0.001 000 3
Entret+6	0.002 515 9	−0.004 001 8
Entret+7	−0.006 886 1	−0.008 686
Entret+8	−0.009 242 3	−0.013 106 7
Entret+9	−0.005 894 3	−0.014 264
Entret+10	−0.010 535 6	−0.008 104 8
Entret+11	0.000 191 6	0.010 478
固定资产投资变动率	控制	
工资变动率	控制	
常数项	控制	
Adjust R^2	5.813 9	6.996
F 检验的 P 值	0.451 1	0.000 8

将表 3—12 中 Almon 多项回归得到的系数的相反数整理至图 3—3(因城镇登记失业率是就业的反向指标),直观表示表示创业对就业的影响结构,其中,x 轴上方表示创业对就业的积极影响,x 轴下方则表示创业对就业的消极影响。从图 3—3 可以看出创业对就业的影响进程是一个不断变化的复杂过程。在创业 4 年期内表现了岗位创造效应,在第 6 至 10 年间表现了更为积极的岗位创造能力,而在第 11 年,驱逐效应开始显现。

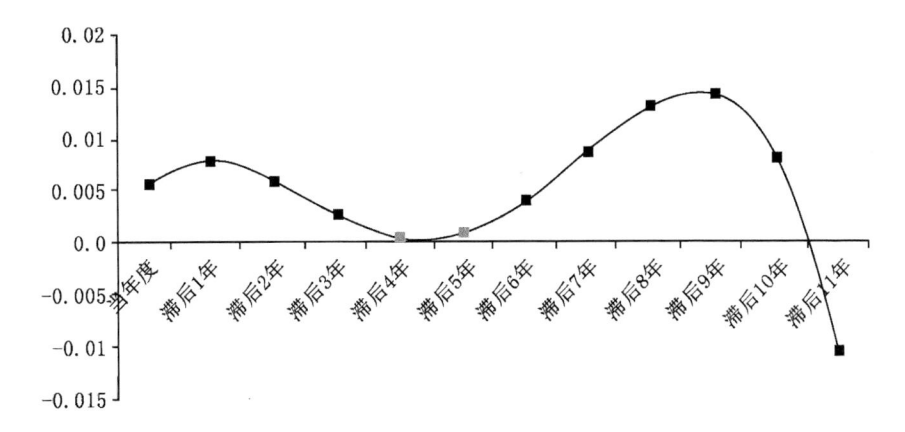

图 3—3 创业对就业影响的滞后结构

3.3.6 结论

平稳性检验的结果表明就业与创业的时间序列均为同阶单整序列,即随机过程的特征不随时间的变化而变化。而协整性检验揭示了创业与就业之间存在着长期均衡关系,因此能够消除"伪回归现象"。同时协整方程的拟合结果说明创业指数每增加1%,失业率减少0.14%。表明创业整体上促进就业。因此,创业政策应具有系统性,创业政策评估也需要长期考量。在未来以创业带动就业的过程要注意保证民众创业热情,并且要保证相应对策的持续性和长期性。

由阿尔蒙多项式滞后模型的回归结果了解到:Adjust R^2 的数值较大,说明模型的解释能力较好。T统计量的值几乎都足够大(超过2),说明系数估计值大都很显著,创业的多期滞后对就业的显著影响也表明了就业率的增长不是一蹴而就的短时过程,而是一个存在时滞效应的长期影响过程。在创业的第10年也表现了显著的就业驱逐效应。为积极推动创业带动就业的效果,一方面,应该在鼓励大众创业的基础上,也应该推动就业者劳动水平的提高,以推动市场的高质量发展,形成良好的市场运行机制。另一方面,应该注重对现有市场竞争格局的促进作用及市场环境的建设,防止助长成立时间较长的大企业对中小型企业的驱逐效应,最终导致削减创业的长期就业创造效应。

第 4 章

国内外关于创新创业理论与实践的借鉴

经济进入新常态以来,我国经济已由高速增长阶段转向高质量发展阶段,要加快建设创新型国家,坚持创新是引领发展的第一动力。他山之石可以攻玉,近几十年来,知识经济的兴起点燃了全球各国的创业热情,比如说美国硅谷、印度班加罗尔以及中国中关村等[①]。虽然各国创业方法各有差异,但创新创业对带动地区经济发展及促进就业的关键作用不容忽视。通过分析国内外创新创业模式的成功经验,为探索出新时代具有地域特色的创新创业模式提出建议。

4.1 国内外创新创业经典模式

4.1.1 "大学科技园"模式

"大学科技园"指将高校科研与产业相结合,这是斯坦福大学校长弗雷德·特曼首创,也因此成立了全球第一个大学科技园——斯坦福大学研究园。创新

---

① 汪涛,肖潇,聂春艳.如何通过政府营销推动地方创业活动——基于武汉市政府创业营销的案例研究[J].管理世界,2017(12):158—171.

创业的发展提供了大量的工作岗位,2018 年 11 月,硅谷的失业率仅为 2.3%,硅谷发展取得成功的原因主要有以下几个:

人才推动。斯坦福大学及周边高校为硅谷输送了大量高智力人才,硅谷居民本科学历占比约是全美平均水平的 2 倍。除此之外,硅谷还不断吸引美国其他地区和全世界尖端人才,硅谷地区外国出生的人口比例远远高于美国平均水平。

政策支持。硅谷最初的发展动力来自美国政府。英特尔、AMD 在政府的政策引导下来到硅谷。美国政府不仅为斯坦福大学提供了大量的科研经费,而且为企业提供了大量订单。同时,还对企业进行投资补贴、税收优惠和低息贷款。

技术集聚。硅谷以研究和生产半导体芯片等著称,硅谷的名称就取自半导体的"硅"。随着计算机技术的应用普及,互联网处于蓬勃发展时期,硅谷成为软件产业、互联网服务等高新技术集聚区[①]。在过去 20 年间,硅谷的专利授权量增加了 10 倍,2017 年,硅谷专利授权量 19 539 件,在全美的占比为 13%。

风险投资。硅谷的风险投资几乎占全美风险投资总额的 1/3。起初硅谷的风险投资带有个人性,随着计算机技术发展和硅谷金融集团系统的完善,硅谷也形成了自己特有的风险投资系统。1960 年后在硅谷成立的大部分价值 10 亿美元以上的公司都有风险投资的支持。2018 硅谷的 IPO 的平均回报率为 37%,而美国所有的 IPO 回报率仅为 −2%[②]。

创新创业文化。从斯坦福大学鼓励学生创新创业以来,风险投资支持等因素降低了创业者在硅谷破产的成本和心理负担。硅谷几十年发展中沉淀下来了以推崇创新创业、接受失败、留去自由、合作共赢为主的创新创业文化,潜移默化地影响着硅谷里的每个人。

4.1.2 创新型产业集群模式

创新型产业集群是指以依靠创新型企业和人才的知识或技术密集型产业的集群。班加罗尔是世界上高新技术产业集群中成功的范例。高科技公司在班加罗尔的成功建立使其成为印度信息科技的中心,软件产业集聚发展,被誉

---

① 聂鲲,刘冷馨. 硅谷人力资本与产业集群互动研究[J]. 宏观经济管理,2016(7):87−92.
② 数据来源于《硅谷指数 2019》。

为"亚洲的硅谷",2011年就业机会达220万个。班加罗尔的GDP占印度的7%,而人口不到全国的0.43%[①]。班加罗尔发展取得成功的原因主要有以下几个方面:

政府合理规划和引导。印度政府在一开始发展规划时,就将班加罗尔定位为软件产业聚集发展区域。在发展中,政府非常重视与海外信息的沟通和联络,政府促使园区发展与硅谷发展同步,并积极推动两个地区的多样化,密切双方的联系,力争把班加罗尔打造成美国硅谷的扩展区[②]。这也是班加罗尔软件技术园成功的重要原因。

政策支持。印度对软件行业进行了一些列的政策支持,包括税收、进出口、投资、产业扶持、政府采购等各个方面(见图4—1)。

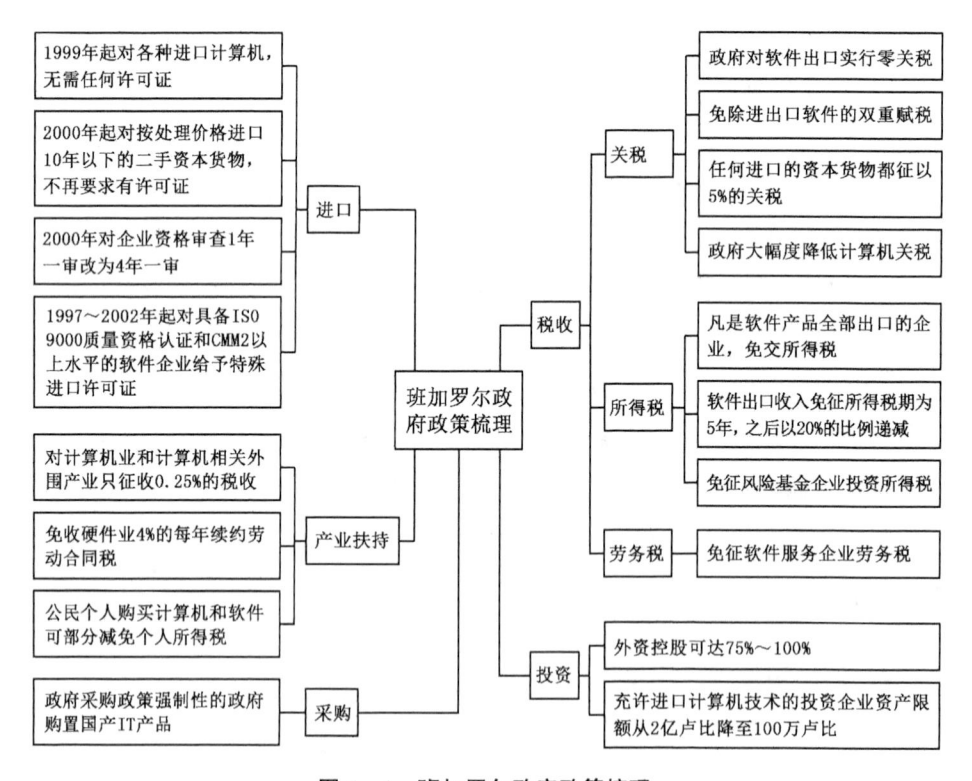

图4—1 班加罗尔政府政策梳理

[①] 冯朝军.国内外高科技产业集群发展模式及启示[J].中共太原市委党校学报,2018(5):14—17.
[②] 李晓锋.硅谷、新竹、班加罗尔高新区发展模式思考及对天津的启示[J].管理现代化,2013(4):46—47+83.

完善的信息技术教育培训体系。班加罗尔建立了一套完整的信息技术教育培训体系。当地一流的高等院校和研究机构培养出来的专业优秀技术人才去班加罗尔就业，在为该地区提供源源不断的的人才支持的同时也促进了班加罗尔的繁荣发展(见表4—1)。

表4—1　　　　　　　　　　班加罗尔高等院校及研究机构

高等院校	研究机构
印度理学院	印度科学院
班加罗尔大学	印度太空研究组织
印度管理学院	国家航天实验室
农业科技大学	国家软件科技中心
拉吉夫·甘地医科大学	国防研究开发组织
国立法学院	印度天体物理研究所
国立高等研究学院	区域遥感服务中心

良好的基础设施。班加罗尔的高技术大公司，无论是外资的还是内资的均设在其中，享受着产业园之外无法得到的良好发展环境。

4.1.3 "创意城市"模式

创意城市模式是指经济、技术发展较好的发达城市吸引优秀的创意人才或者团体来此创业，直到创业队伍不断壮大，最终形成创意产业，成为该发达城市新的经济支柱和财富源泉的发展模式。创意产业赋予城市新的生命力和竞争力。

随着"创意城市"热潮的兴起，世界各大城市都在寻求向创意城市转变。英国伦敦就是典型城市之一。目前，伦敦经济驱动力以创意产业为主，每年每新增5个就业岗位中就有1个出自创意产业。

英国政府曾统计2017年各地区文化创意产业国民增加值(GVA)，发现仅伦敦就增加了522.3亿英镑，在众多地区中排名第一[①]（见图4—2）。

---

① 张娜，田晓玮，郑宏丹.英国文化创意产业发展路径及启示[J].中国国情国力，2019(6)：71—75.

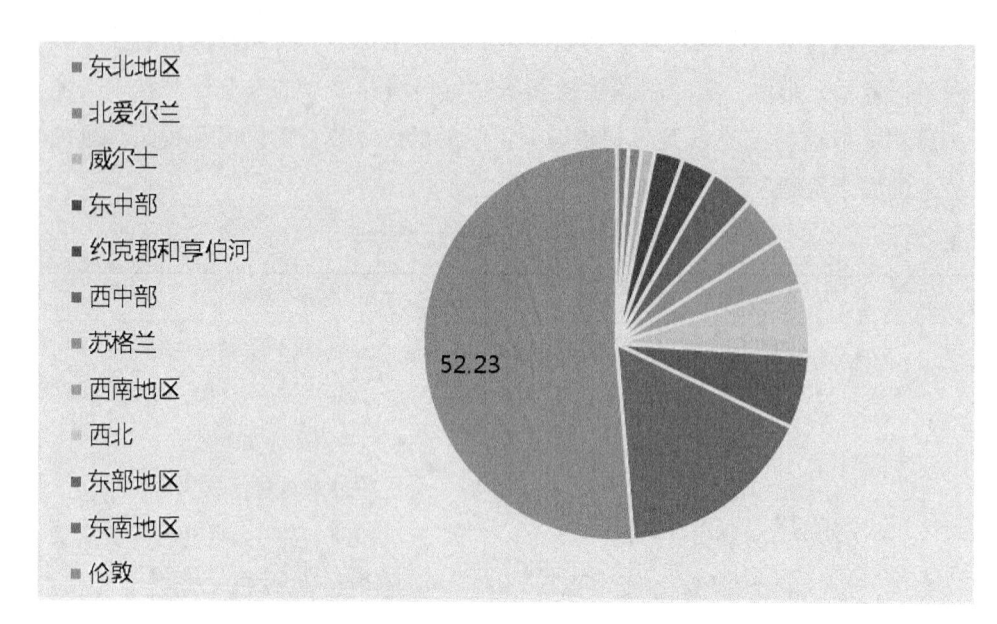

图 4−2　2017 年英国各地区文化创意产业国民增加值(单位:十亿英镑)

伦敦创意城市模式发展较好的因素主要归纳为以下几点:

政策推动。英国政府为了顺利地把各个区打造成创意城市,从 1993 年开始就陆续实施相关文化创意政策,保证文化创意产业能随着时代进步而健康发展。如 1993 年颁布的《创造性未来》确定了英国文化产业的发展战略,2009 年发布的《数字英国》表明要扩大数字内容传播范围的政策倾向。

融资扶持。创意产业发展前景模糊、盈利机会小等原因造成创意团体创业时难免遇到资金短缺问题。为了帮助创意团体解决资金短缺问题,英国采用"三三制"的融资政策,即分别由政府、社会(银行贷款、风投等)和企业各出资 1/3 来扶持创意产业发展。

人才培养:创意产业的关键来自人的灵感,因此人才的培养是创意产业向上发展的必备条件。英国从小学开始就设置多种艺术课程,注重培养孩子的艺术情操和创新能力,而高校会开设许多与创意产业相关的课程,让在校生、社会人士都可以去学习。这些都为文化产业提供了人才保障。

4.1.4　政策拉动模式

政策拉动模式是指在发展过程中依靠政策放宽和引导而不断发展起来的

一种创新创业模式。北京中关村就是其中一个代表,它是中国改革开放与世界技术革命相融合的产物。在我国改革开放浪潮中,中关村科技园区大胆地抓住了新技术革命的机遇,创造了总收入、从业人员和就业增长率的新高。

表4—2　　　　　　　中关村总收入、从业人员及就业增长率

年份	总收入(亿元)	从业人员(万人)	就业增长率(%)
2009	10 000.8	92.7	—
2010	13 715.2	105	13.27%
2011	19 278.3	130.7	24.48%
2012	24 500	156	19.36%
2013	30 353.5	164.6	5.51%
2014	29 000	172	4.50%
2015	32 792.1	194.1	12.85%
2016	37 015.7	209.2	7.78%
2017	42 256.9	215.5	3.01%
2018	47 758.1	222.8	3.39%
2019(上半年)	27 721.5	224.5	0.76%

中关村的成功发展源于国家政策的转变和自负盈亏的创业方式。1984年以后,基于经济和科技体制改革的外部环境,中关村大批科研人员在政策扶持下,开始自发地走向市场,从事经商行业。由于创办主体不同,中关村科技企业又可以分成"民办官助型""官有民办型"及"全民科技企业"三种类型。这三类企业依据"自筹资金、自由组合、自主经营、自负盈亏"的原则,打破了我国计划经济体制下盈亏靠政府的管理模式。中关村民营科技企业在改革探索的道路上,涌现出大批高新技术产业,使得中关村成为全国最大的电脑及其元器件市场。

在此模式下,2018年中关村实现总收入同比增长13.0%;企业内部的日常研发经费支出1778.1亿元,同比增长22.8%;期末从业人员222.8万人,其中研发人员64.4万人,占从业人员28.9%[①]。

4.1.5　政企互动模式

政企互动模式指的是:在科技工业园发展初期,为了推动园区发展,政府在

---

① 中关村国家自主创新示范区官网.

制定法律和分配资源时会向有利于园区创业方面倾斜,等园区在技术水平和管理体制等方面不断成熟并在市场中具备竞争力之后,政府会从园区运营中退出,不再主导园区发展。政府职能从"发展型"向"服务型"转变。

在此模式下,深圳高新区的经济水平和创新能力都有了巨大的提升。

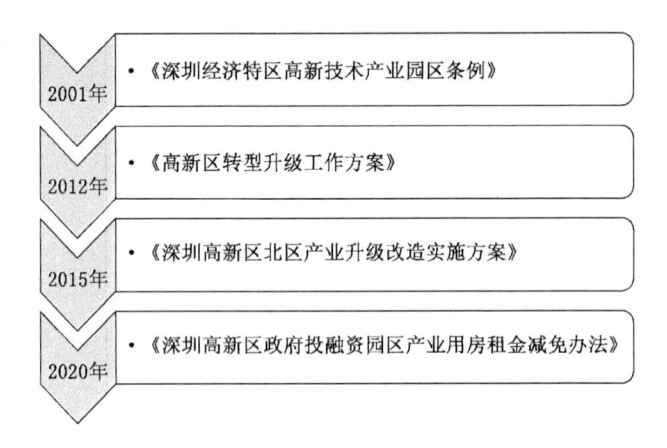

```
2001年 • 《深圳经济特区高新技术产业园区条例》
2012年 • 《高新区转型升级工作方案》
2015年 • 《深圳高新区北区产业升级改造实施方案》
2020年 • 《深圳高新区政府投融资园区产业用房租金减免办法》
```

图 4—3 深圳市高新区政策

1996 年深圳高新区成立初期,工业总产值仅有 99.8 亿元,2017 年,工业总产值达到 4 332 亿元。较 21 年前增加约 43 倍。2016 年仅深圳市高新区发明专利数达到 18 715 件,占深圳市有效发明总量的 35.5%,占全国有效发明总量的 1.4%。

由此可见,政企驱动模式给深圳市高新区的创新创业注入了巨大活力。

4.2 国内外"三区联动"创新实践

4.2.1 国外相关实践

"三区联动"是一个有中国特色的概念,在国外并没有作为一个正式的概念提出。国际上区域发展几乎都依赖于科研机构、高校、社区等必不可少的要素,在此以国际创新创业发展相似区域德国阿德斯霍夫科技园的科研集群和人才循环体系创新模式予以举例。

德国柏林的阿德勒斯霍夫高科技园(简称 Adlershof)是德国版的"双创",目前综合创新能力欧洲排名前四。Adlershof 的成功很大一部分上得益于德国联邦政府的支持,这一点与国内的园区相似。但是在政府以外,Adlershof 的崛起是由于它的科研集群和人才循环体系。Adlershof 非常注重园区的科研工作,园区之中庞大的科研集群就是一大亮点。这里约有 1.5 万人在 1 000 个商务、研究和学术机构工作,约 8 500 名大学生入驻,是欧洲处于领先地位的技术创新中心。此外,Adlershof 的人才循环体系也值得借鉴。在德国创新体系中,产学研人才双向流动。研究人员在科研机构工作一段时间之后,会进入企业;与此同时,企业的研发人员也会流入高校/科研院所,他们指导的学生毕业后又进入企业,形成良性人才循环体系,同时投入研究开发成为整体经济的一部分。作为科技园区,科研的投入比例决定园区的竞争力,人才的培养则决定了园区的创新力,这是一个园区不能忽视的基础建设。

4.2.2 上海市杨浦区"三区联动"

20 世纪 90 年代以后随着上海产业结构的调整,杨浦区依托科教资源的禀赋优势,开始了"三区联动"发展模式探索,逐渐走上了创新驱动发展的道路[①],杨浦区的"三区联动"发展具有以下特点:

以联动为主线的发展创新模式,构建要素齐全的生态链。即从技术的生产、转化、孵化、产业化等环节建设科技创新的支柱。在释放高校和科研院所的潜能方面,与 11 所高校签订了协议,上海财经大学金融谷等重点的载体建设,在激发企业技术创新方面,依托德国的西门子、大陆、汉高等一批中资机构挖掘一批全国领先的关键核心技术。

积极打造国际双创人才基地。发布实施了双创人才政策的新 16 条,发出上海首张外籍人才的认证函,成立全国首单科技成果转化赞不缴纳个人所得税的范例。

针对创业需求补足资金短板,带头探索银行、企业风险共担的双创融资风险补偿机制,扩大中小型企业的收益面。在国家和上海市的支持下,原科技部重大专项成果转化基金的首席基金 100 亿元和全国首个人工智能创业投资联

---

① 谢坚钢.上海杨浦区:三区联动努力打造双创升级版[J].中国战略新兴产业,2018(41):60-61.

盟都落户在杨浦区,各类投资基金巩规模达到350亿元。

营造双创文化氛围,提出创业街区的概念。一方面重点推动了四大创新创业街区的建设,另一方面每年举办各类创新创业论坛、大赛、路演等活动,大大活跃了杨浦区的创新范围。尤其是2017年双创活动周的品牌效应进一步提高了成果。第三产业的增加值占全区生产总值的比重达到84%,目前全区的科技型、中小型企业已经发展到7 600余家,一批互联网＋的企业呈现了爆发式的增长态势,阿里体育、爱回收等这些企业都已经成为独角兽,各类科技园区、孵化器、众创空间孵化的企业要素都持续增加,从2016年的3 000个增加到了2017年的5 618个。

4.2.3　上海市奉贤区"三区联动"

奉贤区"三区联动"模式是将校区、科技园区、社区三者相互联动,形成内在创新需求,其目的是为了培养高级实用型创新人才。具体来说有以下措施:

统筹校区和科技园区的产业结构及发展规划。利用高校大学生的自主研发能力以及高校丰富的创新创业资源,吸引校外研发机构进行投资,将产学研合成果落地实施。科技园区根据自身产业结构升级,与校区共同培养创新创业人才,强化职工的职业教育和大学生的技能培训,从而完善奉贤区高素质人才培养机制。

在创新文化建设方面,为了让"贤文化"更深入人心,校区积极开展文艺进社区、科普进社区、志愿者服务等活动走进社区、走进市民,宣传创新文化,提升城市文化影响力。

在创业基础设施建设方面,奉贤区"三区联动"充分发挥身处大学城并与上海化工区为邻的地理优势,为毗邻的大学提供公租房、生活服务基础配套设施和大学生创新创业实训基地[1]。除此之外,"三区"组织青年干部互派挂职,从而进一步深化"三区联动"的格局。

4.2.4　宁波"三区联动"

宁波"三区联动"起源于宁波市大学科技园的成立,是镇海区人民政府和各

---

[1] 蒋洁.上海市奉贤区"三区联动"发展模式案例研究[D].成都:电子科技大学,2014.

高校联合创办一个大学科技园,因与上海的"三区联动"不同,因此,称宁波的"三区联动"为宁波镇海模式。宁波"三区联动"主要集中在文化联动、创新联动和发展联动。

首先,理念融合与文化联动。宁波"三区联动"是融合宁波各高校和镇海区相同的创新创业理念基础上实现的,各高校之间通过资源共享和学科专业互补,与大学科技园区协同发展,从而推动新时代文明实践模式的发展。

其次,创新融合与价值联动。宁波"三区联动"不仅是以知识、科技、产业为一体的创新融合,而且在创新融合环节中将所创造的价值进行增值联动,是一个创新融合与价值联动的推进过程。

最后,利益融合与发展联动。明确联动主体利益所在点,通过有效整合人力资源和产业要素,合理配置科技资源和资本的投入,实现"三区"同繁荣、共发展的整体协同局面。"三区联动"既能增强高校的产学合作能力,又能提高大学科技园的科技转化能力,还能提升宁波市镇海区产业转型升级。

实行"三区联动"发展模式以来,高端创新创业平台不断汇聚,中高端人才逐渐集聚,大学生创业成果显著大学生创业成果显著。

表 4—3　　　　　　上海杨浦区、奉贤区及宁波"三区联动"模式对比

区域	举措	发展效果
上海杨浦区	以联动为主线发展创新模式,构建要素齐全的生态链; 发布双创人才政策,发出上海外籍人才的认证函; 针对创业需求补足资金短板,探索银行、企业风险共担的双创融资风险补偿机制,扩大中小型企业的收益面; 营造双创文化氛围,提出创业街区概念	建成了以复旦大学国家大学科技园、上海理工大学国家大学科技园、上海财经大学国家大学科技园等各大高校为主的国家级大学科技园,使其成为上海市最大的科技创业孵化基地。其中有 400 多家企业,吸引资金二十多亿元,每年上缴税收过亿[①]
上海市奉贤区	统筹校区和科技园区的产业结构及发展规划; 完善创业基础设施建设; 创新文化建设方面,深化"贤文化"内涵,推进传统区域文化走进校园	2018 年全年新增就业岗位 3.2 万个,成功帮助 524 户组织创业,其中 35 周岁以下大学生创业 323 户。帮助 318 个零就业家庭和 382 名长期失业青年实现就业,职业技能培训 15 363 人,完成指标的 102.4%

---

① 孟媛,陈敬良,邝继霞."三区联动"发展战略的中外对比研究及启示[J].科技进步与对策,2010,27(20):28—31.

续表

区域	举措	发展效果
宁波	理念融合与文化联动。高校之间通过资源共享和学科专业互补,与大学科技园区协同发展。 创新融合与价值联动。宁波"三区联动"强调在创新融合环节中将所创造的价值进行增值联动。 利益融合与发展联动。整合人力资源和产业要素,配置科技资源和资本的投入,实现"三区"同繁荣、共发展	高端创新创业平台不断汇聚,中高端人才逐渐集聚,大学生创业成果显著大学生创业成果显著。截至2017年,大学科技园区内登记的大学生企业100余家、创业团队有99家、淘宝网店100余个。为园区周边的高校提供了500个社会实践岗位,带动大学生就业超过1 000人①

4.3 国内外创新创业模式成功经验借鉴

(1)凝结创新创业文化

无论是硅谷还是深圳,它们都有浓厚的创新创业文化。创新创业文化的塑造上可以借鉴硅谷的"败又何妨"文化。首先,转变教育理念,培养在校学生勇于尝试的能力、善于思考的良好习惯和综合素质。其次,以当地固有文化为依托,提炼出具有地特色的创新创业文化关键词和关键内涵,凝结成特色创新创业文化,为创新创业者和尝试失败者提高宽松包容的文化环境。

(2)核心技术创新创业,合理配置科技资源

硅谷和班加罗尔都是因为掌握了一系列核心关键技术取得成功。在"三区联动"发展中也要注重核心技术的培养和发展。要深化供给侧改革,提高科研成果转化率,将我国产业链与核心技术结合,推动我国产业链走向高端发展道路;根据市场需求建立以核心技术为主的创新产业链,让我国经济迈向高质量行列。

(3)不断完善风险投资系统

首先,要完善多层次的资本市场,充分发挥政策性金融的引领作用。相比于银行借贷,风险投资偏好小企业和新趋势,可以加速促进创新创业。其次,投

---

① 宁波市人力资源和社会保障局.

资人的专业经验尤为重要,提高风险投资人的专业素养,使得风险投资在经济高质量发展中发挥重要作用。最后,完善健全风险投资退出机制,促进资本增值和激励资本循环性投资[1]。

(4)政府积极搭建与国际交流、合作的平台

班加罗尔的成功有一个重要因素就是一直与硅谷和国际平台保持密切合作,2018年国务院发布《国务院关于推动创新创业高质量发展打造"双创"升级版的意见》,要求国际国内创新创业资源深度融汇,政府应积极引导,与国际高新技术区域加强联系、互相学习、友好合作。推动形成一批国际化创新创业集聚地,并利用其带动自身的开拓创新。

(5)政府带动发展创意产业

创意产业具有资源消耗低、回报率高等特点。政府虽然不直接参与创新活动,但却在区域创新体系中占据着举足轻重的地位。在创意产业发展中政府主要扮演引导者、协调者、服务者的角色。

(6)借鉴人才循环体系,促进"三区"融合

借鉴Adlershof人才循环体系,让技术研究人员、企业的研发人员以及学生三者无论在哪个环节都能对接市场,以市场为目标充分衔接,有利于促进大学园区与科技园区、社区的深度融合。

4.4 长三角区域借鉴硅谷模式分析

长三角区域是"一带一路"与长江经济带的重要交汇地带,是我国城镇化率最高、经济发展最好、创新能力最佳的区域之一,国土面积仅占全国2.2%的长三角区域创造出了全国23.49%的GDP[2]。近几年来,长三角区域处于国家战略聚焦区,首届中国国际进口博览会上习近平总书记提出长江三角洲区域一体化发展并上升为国家战略。在此背景下,"聚焦高质量"成为长三角区域新的发展新使命。创新创业驱动经济高质量发展,借鉴硅谷成功创新创业经验,对聚

---

[1] 李萌,包瑞.风险投资支持战略性新兴产业发展分析[J].宏观经济研究,2016(8):123-128.
[2] 数据来源于国家统计局,经笔者整理.

力长三角区域高质量发展十分有必要。

4.4.1　长三角区域借鉴硅谷模式的优势

第一，国家与区域政策支持双重机遇期。长三角一体化上升为国家战略，国家高度重视长三角区域发展，并给予政策上的倾斜和支持。近几年，三省一市政府对创新创业大力支持，制定了包括人才引进、财政补贴、税收一系列创新创业政策。人才引进方面，三省一市政府主要针对高层次人才和海外人才，在落户、居住政策上给予优惠和放宽条件，并不断简化办理手续。在财政补贴方面，主要以创新券、创业补贴、贷款贴息、科研项目经费的方式对创新创业予以支持，比如针对首次创业群体，创业资金上可领取一次性补贴，创业场地上可享受房租补贴等。在鼓励金融及风险投资方面，鼓励金融机构和投资机构不断创新加强合作，为创业企业提供多类型的筹资方式。在税收方面，给予创新创业企业所得税和增值税一定优惠。

第二，基础人才集聚效应凸显。创新驱动实质上是人才驱动。长三角区域教育资源集中、人才吸引力强，各类人才集聚使得长三角区域智力密集，不断推动区域经济发展。复旦大学、南京大学等"双一流"大学培育了大批优质人才。其他高类型高等院校也培育了不同领域的重要人才，三省一市高等院校数量占全国高等院校数量的17.16%[1]，高等院校毕业人数占比全国的15.01%[2]。随着长三角区域改革开放水平不断向纵深发展，不断吸引着留学归国人才及国际人才的到来。

第三，风险投资具有区域资源禀赋。经济发展水平为长三角区域在风险投资方面提供了环境优势，宽松、公平的政策条件更是让长三角区域成为全国创新创业的中心之一。也是基于这些原因，民间资本和国家资本在金融活动中对长三角区域青睐有加。根据长三角区域创业投资峰会数据显示，三省一市各类私募基金的投资项目共计2.86万个，占全国的35%，在投本金达到2.02万亿元，占全国的30%，全国同期股权和创投规模更是占到全国的52%[3]。这足以表明，长三角区域在全国的风险投资具有良好资源禀赋以及

---

[1]　数据来源于国家统计局，经笔者整理.
[2]　数据来源于国家统计局，经笔者整理.
[3]　数据来自长三角区域创业投资峰会.

比较优势。

第四,技术创新创业活跃度、贡献值高。长三角区域科技力量活跃,科技研发 R&D 投入比例及科研成果量都位居全国前列。2018 年长三角区域研发费用占比全国总研发费用的 21.81%。长三角区域专利申请数量、专利授权数量接近全国总量的 1/3。高新技术企业是进行技术创新的重要载体,长三角区域高新技术产业集群发展良好(见表 4—5),国家高新区数量占全国的 20.51%,高新技术企业数量占全国的 22.87%。上海位于亚洲地区独角兽企业最多的 25 个城市榜单上[①]。

表 4—5　　　　　　　　　长三角区域经济发展统计表[②]

地区	国家高新区数(个)	工商注册企业个数(个)	入统企业数(个)	高新技术企业数(个)	年末从业人员(人)	营业收入(万元)	工业总产值(万元)
上海	2	39 679	5 483	3 756	1 089 588	197 699.18	112 486.83
江苏	17	256 684	9 000	3 328	1 925 329	282 821.70	241 834.57
浙江	8	108 696	4 432	1 655	970 949	133 021.47	89 717.53
安徽	5	29 050	2 201	1 338	453 467	81 796.06	70 572.12

第五,创新创业文化发展迅速。长三角区域由于地缘相近、文化相通、改革开放纵深程度高,接受新思想新技术速度快,根植于传统文化中的创新创业文化日渐形成。大众创业、万众创新政策实施以来,在政府各项政策的支持下,创新驱动发展效果明显。2018 年度"中国城市科技创新发展指数排名"中上海、南京、苏州、杭州位居前 10 名,无锡位居第 15 名,合肥位居第 18 名。

4.4.2　长三角区域借鉴硅谷模式的挑战

第一,高精尖人才引擎作用发挥不够充分。关键人物引领着硅谷的发展,特曼教授和后来创办仙童公司的 8 位科学家都是硅谷的灵魂人物。长三角区域虽然人才济济,但是高精尖人才特别是从事核心技术研发攻关的创新人才仍比较短缺。受传统思想影响,人们还是有趋于稳定环境的认知,科研、技术人员

---

① 数据来源于 CB Insights 发布的《全球科技中心报告》.
② 数据来源于《2018 中国火炬统计年鉴》.

缺乏冒险精神,创业率较低,这就导致了技术和创业的断层。除此之外,斯坦福商学院 MBA 毕业生创业率在 15% 左右[①],长三角区域"双一流"高等院校毕业生创业率与之相比仍有一定差距。

第二、关键核心技术突破动力仍需加强。从前三次科技革命的历史经验来看,关键核心技术突破会促使社会经济质的飞跃,硅谷就是因为半导体和通信技术迅速起步的。由于我国高新技术起步晚、底子薄,导致基础技术薄弱,再加上长三角区域对于基础研究的投入份额较低,所以在关键核心技术突破方面动力不足,尤其是核心基础零部件和关键基础材料存在明显短板。目前,在长三角区域新注册的高新技术企业中,大多从事互联网技术的跨行业和跨领域应用,企业注意力都集中在扩大规模和迅速占领市场方面,在技术上实质性前进较为缓慢。

第三、风险投资完备系统有待健全。尽管长三角区域的风险投资额在国内有着足够的优势,但是和国际相比,仍有一定差距。2012 年至 2018 年间,硅谷的总风险投资额是上海的 6 倍[②](见图 4.4)。这主要是因为长三角区域风险投资完备系统不够完善,在很大程度上,风险投资是在政府的引导和鼓励下完成的,风险投资机构也尚未形成像硅谷一样紧密自组织运行的利益共享网络。比如风险投资失败补贴政策,最高可获得 70% 的政府补贴。同时,还体现在风险投资退出机制不完善和收益率低等方面。

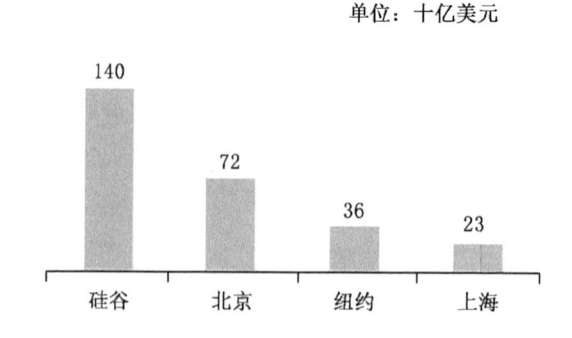

单位:十亿美元

图 4—4 相关城市风险投资总额对比(2012.1—2018.5)

---

① 曾红颖.硅谷调研:谁在创业?[J].中国经贸导刊,2016(33):63—64.
② CB Insights 发布的《全球科技中心报告》。

4.4.3 长三角区域借鉴硅谷模式的建议与对策

第一,加强完善"创新创业＋高精尖人才"集聚机制。"创新创业＋高精尖人才"集聚机制要从本土培育、直接引进、联合培养高精尖人才三方面着手完善。注重本土创新创业人才培养,借鉴硅谷"败又何妨"文化,转变教育理念,培养学生勇于尝试的能力,建立与专业课程密切联系的创业创新课程体系,同时加强教师队伍的建设。海外人才是我国高精尖科技人才队伍的重要来源,通过进一步开放包容地引进国际高层次人才,迅速形成国际高新技术人才高地,增强创新创业活力。加强国际化高精尖科技人才合作培养,利用国际优质教育资源,探索创新创业人才培养方式,培养一批具有国际视野的、具备核心竞争力的双创人才。

第二,促进推动"创新创业＋核心关键技术"动力机制。"创新创业＋核心关键技术"动力机制运行要注重科研经费的分配比例和利用效率,保护知识产权、企业增强研发力度、高校与企业深度合作这几方面。长三角区域政府的研发经费投入量位于全国前列,应深入研究我国目前的科技投入与产出效率及结构,注重研发经费的分配问题,加大对基础技术的投入比例,为关键技术突破打下良好基础,并不断加强知识产权保护,确保创新创业活力。企业在自身发展中要更加注重研发与核心技术,通过应用核心技术推动自身的产业链高端化。要深化供给侧改革,深入研究我国目前的科技投入与产出结构,促进科技创新应用与推广。高校和科研院所除了鼓励研发和技术创新外,也可以鼓励技术发明者参与到创业中,与企业进行人才循环和流动,促进技术对接市场和思想碰撞。

第三,充分保障"创新创业＋风险投资"支持机制。"创新创业＋风险投资"支持机制为创新创业提供现实可能,从发挥政策性金融作用、风险投资平台建立和资本退出机制完善三个方面保障其充分发挥创新创业中的支持保障作用。首先,政策性金融要起到引擎带动作用,不断增强经济活力和发展动力。其次,建立便利且权威的风险投资服务平台,风险投资供需信息迅速公开和对接,打破创新和投资之间的壁垒。最后,完善风险投资退出机制,只有足够回报率和利益驱动,资本才能实现良性循环。

第 5 章

"三区联动"创新创业带动就业的建议

随着社会不断进步,越来越多的国家认识到创新对经济发展起着至关重要的作用,也逐步把创新思想提升至国家战略的高度。习近平总书记在2019年3月10日参加全国人大福建代表团审议时曾强调,要营造有利于创新、创业、创造的良好发展环境,以及最大限度释放全社会创新、创业、创造动能。面对发展环境、条件、任务、要求等发生的新的变化,针对"三区联动"创新体系实现创新创业更好带动就业[1]。但目前我国的学校创业教育、研发转移以及商业和法律基础设施是中国创业环境中的相对短板。因此,本书聚焦于"三区联动"以及创新创业带动就业方向,从环境、条件、任务、要求四个方面提出相关建议。

5.1 "三区联动"带动就业

5.1.1 加强营造"三区联动"的制度环境建设

构建有利于"三区联动"模式的制度环境对于带动就业具有重要作用[2],"三

---

[1] 李金华.国家级经济技术开发区的不平衡发展及其政策思考[J].中国地质大学学报:社会科学版,2019(3):108−118.
[2] 王廷."三区联动"上海杨浦模式与宁波镇海模式比较研究[J].科技进步与对策,2013,30(21):25−28.

区联动"模式可以建立以政府为主导,高校为主体,推动城市经济与创新人才共同发展的制度。政府制定"三区联动"相关政策和法规在制度层面上确定高校在地方经济发展中的重要作用。高校可以利用具备的地区优势、科研能力和人力资源储备统筹规划区域资源配置,为地区未来的社会、经济、文化发展做长远布局,实现地区可持续发展。在"三区联动"运作方式中,可以发挥政府牵线搭桥作用,将高校与产业、企业园区结合,根据园区发展所需,高校可以有针对性地设计创新人才培养体系,为园区提供人才、智力支持,提高企业绩效,进而推动区域经济繁荣发展。

5.1.2　完善大学科技园软硬件条件

大学科技园的特点及其特有优势加快了包括知识、技术、信息、人才、资本在内的创新要素之间的流动,提高了创新系统的整体运作效率,有效搭建起了创新成果和技术应用之间的沟通桥梁,因此,大学科技园要强化自身软硬件设施的建设,打造一个为大学生创业提供全面支持的服务平台。

大学科技园为大学生创新创业提供了盈利模式。当前,我国的大学科技园是以减免费用的方式作为对大学生创新创业的政策扶持。而这种方式将导致大学科技园难以从大学生创新创业的成果中获益,长此以往会抑制大学科技园的长期发展。因此,大学科技园可以参考国外经验,采取"费折股"的方式来对大学生创新创业提供支持[①]。具体方法为:大学科技园把对大学生创新创业所投入的资金以风险投资的方式折算成企业的股权,且大学科技园和大学生创办的企业签订有限的股权回购协议,根据前期企业的经营状况,大学科技园可选择履行协议从而收回投资费用,或放弃协议进行投资报损。该方式将大学生创办的企业与大学科技园进行有效的结合,在减少大学生创新创业所产生的资金压力的同时,调动大学科技园的主观能动力,从而更好地服务大学生创新创业。

5.1.3　明确建立科技成果转化机制制度

科技成果转化是指科研人员经过不断努力设计出的科技成果通过后期不

---

① 李元栋.大学科技园支持大学生创新创业的国外经验借鉴与优化策略[J].教育与职业,2018(5):85-89.

断实验、应用,最终形成新产品应用到日常工作生活中。科技成果的成功转化有利于创新创业产业的发展。但是我国的科技成果转化机制却不到位,探究背后原因,主要围绕以下几个方面:一是高校针对科研人员科技成果转化制度落实不到位。一般来说当科研小组成功研发出专业成果,想申请专利权或者维持专利权时,高校不会参与科研小组申请专利权的过程,也不会拨款给科研小组。而科研小组想要保留自己的专利就必须由团队筹资缴纳专利申请费和专利年费;或者由于科研小组人员因为出国进修、调任地方,按规定退休等原因引起人员调动的情况,会出现无人愿意承担专利费的情况;又或者科研小组在专利权期限终止之前无法将专利成果转化,而不得不放弃专利权。二是成果转化利益分配设置不合理。根据《促进科技成果转化法》相关规定,只给予科技成果发明者一定的利益激励,对于提供研究环境的高校或者科研机构没有任何激励措施。这在一定程度上来说对于高校和科研机构不公平,所以在科研组申请专利的时候,高校和科研机构没有太大的热情,不会将科技成果转化所需费用考虑在科研经费中。综上所述,要想将科技成果成功转化然后激发科研人员的创新热情,就必须建立合理的科研成果转化制度。首先完善相关法律制度,不仅让发明者享受到科技成果转化带来的利益,也要让高校和科研机构从中获利,这样高校与科研机构会提供更加优质的环境,制定更加公平的制度激励科研组创新,形成良性循环。

5.1.4 推进培养创新型人才要求

人是社会活动的一个关键因素,剑桥大学通过建立灵活的人事管理制度,对在校教师采用短期聘用制,鼓励在校教师从事相关研究成果开发和生产经营管理的兼职活动,这一举措成功地为剑桥大学成果转化提供了便利条件[①]。而目前我国的人才管理机制在很多方面都限制了高校教师的自主创业行为。基于此,政府应协同高校探索出一种全新的人才培养管理机制,出台相关的人事管理制度,鼓励广大教师在大学科技园创业。这样不仅能够加快高校科研成果转换,而且能让老师深度掌握相关领域的前沿技术,并将此技术应用到教学和

---

① 蒋洪新,孙雄辉.大学科技园视阈下高校科技成果转化路径探索——来自英国剑桥科技园的经验[J].现代大学教育,2018(6):53—57.

科研工作中。

5.2 创新创业带动就业

5.2.1 营造完善的法律环境

创业制度环境的规制维度是由为新企业提供支持、减少个人创业风险、激励创业者获取资源努力的法律、法规和政府政策组成[①]。加强创新创业战略计划，突出有关政策的指向性和可行性。为了激励和推动高校创新创业的持续发展，政府部门除了应向高校创业服务团队提供创业政策和法律支持，还应为高校、大学园区及企业提供学术交流平台。界定高校创新创业服务平台的法律属性；厘清不同类型导师的法律关系（如是校内任职专业教师还是校外机构聘请创业导师）；梳理高校创新创业服务平台与大学生创业团队的法律关系。根据不同类别的社会型企业与高校创新创业服务平台的法律关系上的差异性，可以很好地界定社会型企业和高校创新创业服务平台与大学生创业团队之间的法律权利和义务，为解决发生相应的社会法律纠纷问题具有重大意义。

5.2.2 完善创新创业的便利条件

第一，拓宽大学生创新创业融资渠道。创业往往需要一笔丰厚的启动资金支持，大学生创新创业也是如此。虽然政府与企业针对大学生创新创业分别提供了不同形式和不同程度的资金援助，但是与大学生创新创业实际需求相比，只是杯水车薪。高校内部可以针对大学生创新创业去建立健全风险投资监管体系，拓宽大学生创新创业融资渠道。将大学生优秀的创新创业理念交给专业风投机构评估其可行性和成功率，然后利用风投机构从企业或者社会为大学生募集创业资金。高校也可以充当政府与大学生之间的纽带，让政府制定高校帮助大学生创新创业的政策，在高校设立大学生创新创业基金，利用政府的良好

---

① 谷晨，王迎军，崔连广，等. 创业制度环境对创业决策的影响机制[J]. 科学学研究，2019(4)：711—720.

信誉,高校的人才资源吸引企业投资大学生创新创业,让政府、高校和大学生三方形成有机合作。

第二,完善大学生创新创业服务体系。良好的创业服务体系是大学生创新创业的重要保证。目前,我国大学生创新创业服务体系存在"硬件"设施小,"软件"建设少的问题。我国大学生创新创业需求不断扩大,但是帮助大学生创新创业建立的大学科技园数量仍然不多,且园区面积不大,因此高校与政府可以扩大科技园面积,或者在高校内部建立大学生创新创业实训基地,缓解大学生创新创业科技园区需求紧张的局面。大学生创新创业项目与企业实际需求可能存在不匹配的情况。基于此,高校可以利用大数据、云计算等先进技术,搭建集政府政策、企业需求和金融投资机构为一体的信息收集平台,为大学生提供更加优质、高效的创新创业服务。

5.2.3 明确创建科研"中介"机构任务

为科技方向的创新创业建立"中介"服务机构。我国高校科技成果转化过程缺少像剑桥大学的剑桥企业、斯坦福大学的技术转移办公室等负责科研成果技术转化的专业组织或技术机构[①],致使高校科技成果难以落地和产业化。

一些想要成功创业的创新创业团队因为缺少专业的技术支持及市场分析、风险评估等相关的服务支持,导致技术转化和产业化成功率低。一些高校缺乏专业对接大学科技园中的"中介"技术服务,大学生创新创业团队不能及时得知符合企业发展需要的最新技术,致使研发出来的技术和产品脱离市场。

因此,政府应积极推动高校成立科研"中介"机构,该机构可以由高校自行创办或与其他高校联合创办,其设立点可以在大学科技园内,这个新的服务机构需要尽可能地将更多高校科技成果推向市场,增进科技企业与高校创新创业团队的交流合作;也要依照党和国家的相关政策法规,建立健全符合高校自身发展的科研技术转化利益分配机制,并且避免其中的利益冲突;更要与政府、企业、社会等建立良好的合作关系,充分发挥科研成果技术转化的社会"中介"服务功能。

---

① 赵东霞,郭书男,周维.国外大学科技园"官产学"协同创新模式比较研究——三螺旋理论的视角[J].中国高教研究,2016(11):89—94.

5.2.4 推进创新创业教育要求

首先,高校要构建"校企合作"为首的创业导师团队。保证大学生创业者对于创业政策、创业流程、创业补贴及法律等问题的了解,学校联合创新创业企业组成创业辅导团队,每周固定时间开展相应的创新创业答疑,实现"零距离、一对一"的创业答疑及专业化指导[①]。

其次,开展普惠式创新创业课程辅导。邀请知名企业家或者创业者,为大学生进行创新创业培训讲座,互相沟通,向大学生介绍自身的创业史,激发学生的创业兴趣。联合学校的学生管理处、教务处和团委等部门,开展"创意、创业、创新"课堂培训活动。

最后,开展精英式创业培训的项目竞赛活动。大学生创业园的初创门槛也要逐步提升,对于符合创业的项目要从中选优,通过创业项目竞赛的方式,选择出优秀的创业项目,并构建大学生创新创业服务体系,通过创业竞赛活动,不仅可以收获创业补贴,同时激活大学生的创新创业热情,使项目成果落地率大大提升。

---

① 李春燕.高校基于"大众创业,万众创新"的思考和对策研究[J].辽宁科技学院学报,2015(2):102—103.